ふるさと沖縄の旅

戦中戦後の暮らしと学校回想記

ふなこし 宮子

ボーダーインク

亡き父母、弟妹に捧げる

まえがき

私は田舎教師の子に生まれ、育った地も違えば、また戦争によって避難生活を強いられ、転々と移り住みました。元来「故郷」をもたない流浪生活であったように思います。

したがって「出身は？」と訊ねられると、特定の地名を名指すのに戸惑うことがよくありましたが、離沖して半生を外国で過ごすようになって、生まれ育った沖縄全体が私の「ふるさと」と呼べる確信を持つようになりました。

米国に住んで早くも三十七年、生まれ島沖縄滞在よりも長くなっていますが、「古稀」という人生の節目を迎え、自分の歩んで来た七十二年の歳月を顧みますと、幼少時、南は佐敷にはじまり、北は本部半島の岬・備瀬、瀬底島、そして第二次世界大戦中、命からがら名護、屋部、羽地の山中を逃げ回り、終戦は羽地収容地区で迎えました。

天皇の敗戦詔書二ヵ月後、南部の一部解放がはじまり、大里村目取真、首里で過酷な戦場の爪跡を目撃し、また「食」を求めて北へ戻り、沖縄南北両端を行ったり来たりの流浪生活を送りました。そして最後に辿り着いた地が、母の故郷名護であります。

そうした経験から人生は一種の旅であると考えます。

人は一ヵ所に留まることはありません。川の水のように意図があるなしに拘らず旅を続ける。だが人は自分が生まれ育った地は決して忘れない。そこが「ふるさと」であり、一生変わることのない「心の拠り所」であると信じます。

戦後六十二年、大戦の悲惨な戦禍を生き抜いた世代はすでに少数派に属し、平和を享受し戦争の過酷さを知らない世代が、国の責務を担う時代になっています。

戦争とはいかに悲惨なものであったか。多くの戦争体験者が語るように思い返すのも苦痛が伴い、長年心の片隅に追いやっていましたが命の尊さを再確認し平和を維持するためには戦争の歴史をよく見つめ直すべき岐路に立たされているように思えて、あえて私の戦争体験と戦後の生活の困苦を綴ることにしました。

いまは亡き父の言葉「生きることは死よりも強く重い」の通り、戦争という死線をくぐり抜けても生きるための人間の闘いはなお厳しく、生命を守る責任は重いと感じるようになりました。

戦中戦後、敵軍の捕虜にされないために自分の命を賭して夫や子らを守り、食糧さがしに奔走した沖縄のお母さん方がいかに勇敢でたくましかったか。「今日の沖縄があるのはお母さんたちのおかげ」といっても過言ではありません。

古稀を迎えて亡き母に感謝するのは遅すぎますが、他の学友たちの戦争体験記を拝読し、多くの家庭で護国の母を頭に食糧さがしに命がけで奔走されたことを知るに及んでわが母とも思い合わせて「沖縄のお母さん方は本当に強かった。家族をよく守っていただきありがとう！ お疲れさまでした」と申し上げます。

本書は著者が幼少時から沖縄南北各地に転々と移転し、この眼で見た土地の暮らしや学校生活を時代的背景にも触れながらエッセー風に書き記した沖縄戦後十年までの激動期の回想記です。

未来の沖縄、世界の平和構築を担う世代に何らかの示唆にしていただければ、望外のしあわせに存じます。

二〇〇七年秋

ふなこし　宮子

目次

第三章　瀬底島　55

第四章　避難生活　117

第五章　終戦―アメリカ・ユー―　141

ジャケット・本文イラスト　ふなこし宮子

第一章

佐敷

幼児期の佐敷点描

七十路という人生の下り坂に来てやっと自分が歩んで来た路を振り返る。これまで時たま幼い頃の記憶が脳裏をよぎることはあっても、それを書き記すことにためらいを感じていたが、第二次世界大戦で過酷な沖縄戦を体験し、激戦地南部の佐敷について幼い頃の記憶を辿ることにした。

私が四歳の頃、沖縄本島南端玉城小学校の教員であった父が最北西端本部町謝花小学校分教場備瀬へ赴任することになった。

赴任前、私たち家族七名は佐敷村馬天（私と弟・進、守の出生地）に住み父はそこから玉城小学校に通勤していた。

馬天での幼い記憶。ある冬の日馬天港から久高島への舟が大しけに遭い遭難者の救出を待つ人、そして遺体収容などで多くの人たちが浜辺でたき火を囲み悲嘆にくれていた姿であった。そのとき幼心にも海の恐ろしさと生命のもろさを感じたものだ。

海の彼方に浮かぶ、沖縄発祥の地とされる神の島・久高島はそうした海の災難がひんぱつしていたが、好天の日に馬天から眺められるニライ・カナイの島は崇高な島としてあがめられていた。

父は休日に私を馬天港海岸に連れて行き、単調な田舎暮らしのうさばらしに日曜画家の真似ごとをし、馬天港風景のスケッチをしていた記憶はあるが、その絵がどうなったかは憶えがない。

他の思い出—四歳年上の兄・修が佐敷分教場の新入生になり、朝登校の際、しばしば私を学校へ誘うことがあった。私は隣近所に遊び友だちがいなかったので、兄が誘うままに追《っ》いて行った。

馬天から佐敷分教場への路傍にはサトウキビ畑が広がり、村のはずれにサーターヤー（製糖工場）があった。サーターヤー付近にはいつも子供たちが搬入されたサトウキビや出来立ての黒糖目当てに遊びの集合地になっていた。

サーターヤーに群がるわんぱく小僧たちは、登校時の兄と一緒ならば三歳の女児に悪ふざけをしかけなかったが、ある日、私は兄が午前中の授業をすますまで待っているのにあきて、ひとりで家へ帰る途中、そのサーターヤーあたりでわんぱく小僧たちにとりかこまれ怖い目に遭った。そのことがあって以来、兄に追いて行くのは内心嫌であったが「いやだ」と断れば、どこへも連れて行ってもらえないのではないかと懸念し、しぶしぶ追いて行った。それに兄が私を登校のおともにしたがるのは私を可愛いく思っているからだとのうぬぼれがあり、おとなしく追いて行ったのである。

朝露のかかるサトウキビの葉に暑い日射しがきらめく農道を兄と手をとり学校へ向かうとき、兄妹愛を感じて意気揚々とし楽しかった。

ところが兄はいったん教室へ入ると、私の存在を全く忘れて休み時間になっても外で待ちわび

佐敷時代の父母と兄・修、姉・廸子（1934 年）

る妹には目もくれず、級友とふざけたり授業中も鉛筆けずりばかりしている様子が見えた。

私は分教場横の村の御願所の階段に座って遠くから兄の一部始終をうかがっているだけで退屈で退屈でたまらなかった。退屈まぎれに御願所のコンクリート礎の上に蟻の行列をじっと見つめて、蟻はどうして行列をつくって同じ道を行ったり来たりしているのかと不思議に思いつつ、私が知っているだけの数を何度も繰り返して兄の授業が終わるのを待った。長い長い時間に思えた。やっと午前中の授業を終えるのを見て、教室からデレデレと級友とふざけながら出て来る兄に駆け寄ると、

「まだそこにいたのか」

となにくわぬ顔で、「さあ帰ろう」と手をとる兄に文句の一言もいえず、一緒に帰途につくときほど楽しく、午前中の退屈さは忘れるのが常だった。

帰途、例のわんぱく小僧たちが集まるサーターヤーを通過するとき、妹に悪ふざけをしかけようものなら兄が怒って追い返す。

私は兄が喧嘩に強いことを誇りにしてわんぱくたちの前を闊歩した。

太陽が頭上にかんかんと照りつけるキビ畑の中の農道を兄と家路に着くとき、午前中ひとりで退屈のあまり蟻の行列を数えて時が永遠に思われたことも忘れ、兄と楽しく帰途についた思い出はいまは遠い昔のことのようだ。

父の転任で備瀬へ　往時の交通機関

本島東南端の佐敷から北西端の備瀬へ引っ越した日は全く記憶にない。後年その道程を辿れば、実に交通不便な長旅であったようだ。

往時の旅は佐敷から与那原まで客馬車に乗る。客馬車は長さ三メール幅二メートほどの長方形の箱に日覆いがかけられていたが、白い石灰岩の路面に反射する太陽熱でうだるような暑さ、馬車の車輪が路面の石ころに当たってきしむ音や馬の蹄が路面を駆ける音がポコポコと一定のリズムを奏でて、子守歌のように眠気を誘い、客馬車の旅は大抵寝ていた。いよいよ与那原に着き馬主が「チチヤビタンドウ」と到着の合図をすると、客は目をさますというのんびりした時代であった。

与那原は父の郷里、当時北部からの木材や薪、木炭を積んだヤンバル船の寄港地であり漁港としても賑わっていた。

さらに那覇を結ぶ軽便鉄道の東南終点駅としてもちょっとした都であった。駅内にレモンクリームやあずきあんのパンを売る店があり、そこであんパンを買うのが与那原での最大の楽しみであった。

軽便鉄道は港町与那原から首里の丘下に広がる広大な内陸を思わせるキビ畑を縫って、国場川沿いの南風原から那覇へ通じていた。ポッポッと黒い煙を噴く汽車に乗ってキビ畑を渡るそよ風が車内に流れ込み、真夏の暑さでも涼を呼ぶ。車輪のきしむ「ガッタン」「ゴットン」の音も一定の音律でリズム感があり、ときには汽笛に驚きキビ畑から飛び立つヒバリの姿もあった。青空高くさえずるヒバリの声も、汽車のリズムに合わせて快いハーモニーをかもし、実にのどかな汽車の旅であった。

終点那覇駅に到着して駅前に出ると、人力車が所狭しとばかりずらりと列を成し客を待つ。そこから旅館へ行くのに人力車を雇う。

人力車の車輪は大きく地面と車内の座席は四五度の傾斜になっていて、子供は車から転がり落ちそうになるほどの急傾斜。私は座席によじ登るのに一騒動、大人一人乗りの人力車に母にしがみついてやっと座席に落ち着く具合であった。

当時の那覇の中央街路はコンクリート舗装で、人力車夫は「ヨイショ、ヨイショ」と威勢のよいかけ声で車や人波をスイスイと縫いつつ旅館前に届けてくれた。運賃は母が払ったのでいくらだったのか分からない。いま顧れば車夫は奴隷のようで気の毒に思う。

那覇から名護への旅はバスかあるいは汽船に乗った。当時は新垣バスが運行していた。那覇から嘉手納あたりまでは平坦道だが、山田から名護湾側に入ると山岳地帯で坂道を右へ折れたり左へ曲がったりで、バスがガタガタと息を切らすエンジンの高鳴りは絶えなかった。紆余曲折の道程に左遠方に嘉津宇岳や八重岳の嶺々、その山裾に広がる屋部の村や濃紺の湾に面する名護の町並みが見え隠れする。名護の町はすぐ近くに見えても、山岳のカーブが無数にある海岸線を走る車窓ガラスの光の屈折でなかなか行きつかない。

途中木炭燃料が燃えつきて木炭を補給するのに手間どり、乗客は全員下車して待機したり、またエンコが生じたりでバスの旅も忍耐が必要だった。

夕刻やっと名護に到着、母の親類宅に一泊し、翌朝名護の中央通りの新垣バス・ターミナルで本部行きのバスに乗って謝花小学校前で下車、そこから備瀬まで大人も子供も自分の脚足に頼るしかなかった。

謝花から備瀬までおよそ四キロの道程、サトウキビや芋畑が広がる農道は石灰岩と赤土が混ざる石ころの道だった。広い農地を囲むかのように岩石の丘があり、その丘の上には琉球松やソテツが密生し、美しい景観であった。

さらに歩き続ければ、視界が徐々に降下、坂道の行きどまりに濃緑に囲まれた集落が見えた。そこが私たちが住むことになった備瀬である。濃緑の箱型の村はエメラルドの海原に面し、その遥か遠くに紳士の中折り帽子型の伊江島タッチューがくっきりと見えた。

あまり木々のなかった馬天の港町から、黒々としたフクギの老樹に囲まれた備瀬は昼なお暗く、子供の目には少々不気味な場所に感じた。

私たち一家はその村で三年間（一九三九—四二年）暮らすことになる。

第二章

備瀬

緑濃きフクギ並木

沖縄本島北西に突出した本部半島の岬に「備瀬」という小さな集落がある。

一九七五年世界海洋博覧会の開催地として、本部町桃原が知られるようになるまでは、隣接する備瀬の名は沖縄本島人にもあまり知られていなかった「僻地」であった。

現在では樹齢三百年近いフクギ並木が沖縄自然百選の一つ、さらに二〇〇七年三月、「美しい日本の歴史的風土一〇〇選」の準百選に選ばれ名所になり観光客が訪れるようになったが、六十余年前私たちが移り住んだ頃は全くの片田舎であった。

備瀬は一五、六世紀頃、首里王府の地割制により各屋敷が碁盤目状に区切られ、絶えず台風にさらされる地理的な悪条件から防風・防潮・防砂塵のためフクギが植えられたという。

そのフクギ並木は濃緑の厚い葉枝や根深く地にからまる根幹のように、私の記憶に深く息づいている。

まぼろしの泉

本部半島最西端の備瀬も大正・昭和にかけては、沖縄南部と同様サトウキビ耕作が主な換金産業であった。

村の中央街といえばフクギ並木の沿道南端に一軒建ての分教場、その近くにサーターヤーがあり、碁盤目状に家々が建ち並び、雑貨店、理髪店がそれぞれ一軒、村の中央にアサギがあり、その横に農協売店があるだけ。集落家棟は百棟足らずで働き盛りの若者はほとんど海外や県外、都市地区に出稼ぎに行き、オジーやオバーと孫の児童・生徒が村をあずかっていた。私たち家族の借家の主も海外へ移民しており、その空家を借りた。その家は集落のやや中央に位置し、村では数少ない赤瓦屋根で前庭にコンクリート造りの大きな貯水タンクがあった。

貯水タンクといえば備瀬には地下水の井戸がなく、茅葺きの家では防風林のフクギやチャーギ（イヌマキ）の木の幹に麦藁の胴回しをかけて、水壺や木樽に天水を溜めて生活用水にしていた。したがって日照りが続くと水不足に悩む村人が多かったが、天はよくしたもので天恵の湧水が一ヵ所南端の村はずれにあった。しかもその湧水は珍しく海浜に近い海中に位置していた。

海中にどうして湧水が出るのかは誰も知らない。干潮時になると、清水が湧き出る。村人は潮の満ち干の時刻をよく知っていてその時刻に水汲みに出かけるのである。

この湧水は清水が湧き出る水柱の周りに石垣が積まれ井戸のようになっていた。干潮時、村の女たちはその石垣の上で洗濯物をたたいたり水浴びをしたりと、村の生活の場になった。特に真夏の焼けつくような日射しの下で冷ややかな湧水で行水ができ、子供たちにとって唯一の避暑プールであった。

湧水で洗濯、洗髪、行水のあと、女たちはバケツに水汲みをし頭の上に載せて帰途につく。その間若い女たちは井戸端会議ならぬ湧水端会議で、村の若者のゴシップに花を咲かせて心の癒しの場にしていた。

満潮になると湧水の周りに徐々に潮水が流れ込み、いつしか湧水は潮と融合し、湧水の周りの石垣も海底に沈んでいく。退《ひ》け時を心得えた女たちは「それ来た！」とばかりにいっせいに浜辺に向かって引きあげる。その湧水近くの海岸べりにソテツやアダンや他の灌木が群生する岩崖があり、その崖下に村の墓地がある。その墓地の入口にはガンヤー（龕納庫）もあった。

それぞれの墓は防潮用の石垣で囲まれていた。その石垣は水汲み女たちが重い水樽やバケツの荷下しや頭に載せたりするのに格好の高さだったので、他人の手を借りずに一休みできて便利だった。時には墓地内に最近他界した人のグソー送りに黒白の旗が風に翻っており、葬花が供えられて村の弔事が目にとまる。

ガンヤーといえば、戦前どの集落の村はずれにも風雨をさけるコンクリート造りの龕納庫があった。龕は中国風の明るい朱色や緑、金箔など漆塗りで御経が銘され死者を天国へ葬う祈りがこめられていた。沖縄の祖先崇拝の風習を示すものだった。だが子供にとって死は怖い。死と関連するものを恐れてガンヤーの前を通る時、悪霊に襲われはしまいかと大急ぎで通過したものだ。

備瀬の海中湧水は村の生活用水に使われ、そこへ通ずる路傍には墓地があり、生と死を象徴した場所であったと思う。

幼い頃に見たその海中泉はどうなったのか。一九七五年、海洋博覧会参観で帰沖した際、三十三年ぶりに思い出をたどりその地を訪れたところ、その一帯は「エメラルド・ビーチ」に造成され地形が大変貌し、昔の面影は立ち消えてしまった。わびしい気がした。

消えた海中泉

昔備瀬の村はずれの海中に
清水が湧き出る泉があった
村人は祖先の暮らしの知を受けて
潮の満ち干によく通じ
娘らは木樽を頭に清ら水
家族の命を支えていた
真夏の焼けつく日差しの下で

バタバタたたく洗濯の音
冷や水に歓声をあげる子供たち
胸深く秘めた恋を明かし
村の苦しい暮らしの中で
生きる希みを忘れず
集う心にいやしの泉
きり立つ岩崖　紺碧の海
カルスト岩の間に間に
がっしり根を張るソテツ林
鋭い刺で身を飾るオニアザミ
子らの歯を黒く染めるマッコウ
ホオズキ遊びのチョウチン花
村のはずれは自然の楽園

村の暮らしを支え心を潤していた
村のはずれの海中泉
引き潮に清水噴きあげ

村人に命の水恵んでいた
あの泉
幼心につきせぬ思い
幾とせ経ちて訪ね来れば
白き真砂の地深く
いまはまぼろしの泉となる

フクギと夜の怪物

夏の終わり頃、各屋敷がフクギに囲まれた備瀬の路地には、ビワの実のような黄色の実が落ちて来る。卵型の美しい実である。その実はフクギの実で外形の美しさとは似ても似つかない生臭い悪臭を放つ。

フクギの実が熟れる頃、夜中その実を求めて怪物が現れた。村人が寝ている間に怪物はフクギの実をかみ散らし夜明けとともにどこかへ姿をくらますのである。

朝の路地には実の食べカスが散らばり鼻をつく悪臭がした。備瀬へ来てはじめての光景に不思議に思いたずねると、「昨夜コウモリが来たのだ」という。

村人はその悪臭に慣れてそれほど気にする様子もなく、食べカスを避けて通りすごしていたが、大抵昼すぎまでには自分の屋敷周辺の路地を清掃しきれいにしていた。村人はコウモリとの共生を心得ていたのだ。

子供の頃コウモリとはどういう動物なのか実物を見たことがなかった。ただ夜中地上に現れる怪物だと想像して、夜、外へ出るのが怖かった。

備瀬には他にも夜行性動物がいた。

月夜に夜のしじまを破り「ホウー」「ホウー」と物哀しげに鳴く声に「あれはなんなの？」と恐ろしい幽霊を想像し母にたずねると、「あれはフクロウといって日中は人から見えない所に隠れて眠り、夜になると鳴く鳥なのよ」と教えてくれた。フクロウやコウモリは、なぜ物が見えないはずの夜中に餌が見えるのか不思議でたまらなかった。

後年、学校へ行くようになってコウモリやフクロウなど夜行性動物について知るようになり、コウモリは鳥類ではなく飛ぶ哺乳動物で夜間空中を飛ぶ昆虫類を食べるので農作物の害虫駆除に役立つ動物だと知った。

フクロウについては、戦争中深い山中を逃げ回っても一度もその鳴き声を聞いたことがなかったが、おそらく恐ろしい爆音を恐れて戦争のない島へ避難したのかもしれない。

不思議なことに米国メリーランド州に住むようになって、裏の雑木林から夜中フクロウの声がして驚くとともに、遠いいにしえの国から私を追って来たようで当初気味悪い感じがしたが、じっと耳をすますと備瀬ではじめてフクロウの声を聞いた日が甦って来た。

備瀬で生まれ一歳足らずで逝った妹・峯子が思い出された。

夜中暗いフクギの梢でフクロウが鳴いている声に妹を連想し、あの世でひとりにされて寂しがって泣いているようで、異国で聞くフクロウの声にいっそう物哀しさを感じた。

農家の珍品

備瀬の南端にあった分教場近くにたしか「仲村渠《なかんだかり》さん」という家があったように記憶する。ある日、その家に遊びに行った。沖縄の典型的な屋敷構えの家であった。母屋の前にヒンプンがあり赤瓦の母屋と台所棟、そして前わきに別棟と納屋があった。中庭には粟や麦など収穫したばかりの穀物がムシロの上に天干しされていた。

私は穀物を踏まないように恐る恐るムシロの端を通って母屋の縁側に近づいた。上座をのぞくとチャーギ（イヌマキ）の中柱や床の間に、他の農家では見かけない様々な飾り物が並べられている。子供の目にも一見して「この家は変わっている」と直感し、縁側からコレクションを眺めた。床の間には書入りの虎の掛け軸や、つめ襟の中国服を着て頬や口唇を紅色にそめた中国美人画などが掛けられ、床の間の上の欄間には大きな海亀や伊勢エビの剥製や、さらにまだ潮の香が漂う紅サンゴや白サンゴ、三味線などが所狭しとばかり飾られていた。

当時仲村渠家から中国へ出兵した人があったかどうかは知らないが、扇を片手に人を魅きつけるようなコケティッシュな中国美人画が脳裏に焼きついた。

往時、日本では中国を「支那」と呼び日本の征服者意識で「シナのチャンコロ」と侮蔑していたが、その反面琉球王朝時代には交易友好が盛んであった沖縄の歴史から、中国美人画をひそかに賛美していたのではなかったかといまにして思う。

ネコの生態

私は田舎の農家の何もかもが物珍しく、その家の周りを見て歩いた。すると離れ家の裏座から親ネコが子ネコを口にくわえて現れた。私はびっくりした。まだ生まれたばかりの赤ちゃんネコの首を口でくわえている！　親ネコが子ネコを食べるのでは？　子ネコは首をくわえられてももがく様子もなく大人しい。痛くないのだろうか？　死んじゃったのではないか？　私はハラハラしつつ眺めていると、母ネコは子ネコをどこかに隠し、また戻って来ては裏座から子ネコを口にくわえてどこかへ運んでいる。幾度も往復していた。その光景を不思議に思い、近くで穀物の手入れをしていたおばあに「どうしてネコは子ネコの首をくわえてどこかに隠しているの」とたずねると、「ネコは赤ちゃんが生まれると子の安全を守るために一ヵ所にはとどまらず、幾度も巣を替えるものよ」と教えてくれた。

三年ごしに赴任する教員の子もネコの子になぞらえて「ネコの子のようだ」という。その意味が、後年になって備瀬の仲村渠家で目撃したネコの親子の光景を連想し実感したものだ。

野良ネコ狩りと酒宴

電灯のない田舎の暮らしは、宵の口、灯油ランプを灯すことはあっても日中の野良仕事に疲れた村人は夕闇が迫る前に早々に夕餉をすませ早寝をするか、あるいは夜長の手持ち無沙汰に男たちは友人隣人で集まり農事話をしたり三味線を弾きつつ杯を交わすことが唯一の娯楽であった。

ある夜、父に伴いその酒座に連座したことがあった。

そこは備瀬でたった一軒の雑貨店宅であった。

前記した仲村渠家で目撃したネコの親子のように飼い猫が繁殖し、野良猫に変貌、備瀬の路地にはネコが徘徊していた。

村の青年たちはネコ繁殖の制御策として、ときたま野良ネコ狩りに追い込み作戦を展開することがあった。早脚のネコを捕らえるのは至難のワザ、逃げまどうネコを追って村中を駆けまわり、ネコを家屋の床下に追い込み網を張りめぐらして竹竿や投げ石で捕獲するのだが、青年たちが口笛を吹き鳴らし疾走するネコを追い回す勇壮さときたら、ことばでは言い表せない。村中が興奮に満ちた一大騒事であった。

父に伴い酒宴に行った日はその野良ネコ狩りが行われた夜だったと思う。

その夜村の青年や長老たちが、雑貨商兼食堂に集まり、ある酒宴が催された。

酒のさかなにニンニクの葉と醤油で煮込んだ肉料理が供された。私もその肉料理に舌鼓をうった。皆おいしそうに食べていた。

酒宴が終わって夜道の帰途、父は「どうだ、宮子、あの肉料理はおいしかったか」ときく。「なにか普通のお肉より固くて違う味だったが、なんだったの」と問うと、ほろ酔い加減の父は私をからかうかのように、「あれはね、ネコの肉だったんだよ」と—。

私は急にお腹の中でネコがむかついているような錯覚に襲われた。

子供の頃ミカンの種を誤って呑み込むと、お腹の中で芽が出て木になり喉元からミカンの木が飛び出すのでは—と想像して、注意深くミカンの種を取り出したものだが、生まれてはじめてネコの肉料理を食べたと知らされ、ネコがお腹の中で「ミャン」「ミャン」と泣き出すのではないかと、心配でたまらず一晩中寝つけなかった。

現代の動物愛護者からみれば、野良ネコ狩りは残虐行為として非難されるであろうが、人間は環境や時勢に準じて生きていることを思えば、当時の青年たちを責めるわけにいかないと思う。野良ネコ狩りも地域の必要に応じた策である。

弟・守のはしか

備瀬滞在中、地域にははしかが蔓延した。わが家は兄弟姉妹皆年少者だったため、はしかに感染しやすく五人揃って枕を並べた。そのはしかを持ち帰った張本人はわたしであった。

ある日、遊び仲間の家を訪ね誘いに行ったらその母親が「文ちゃんははしかで寝ている。うるといけないから早くお家へ帰りなさい」と門前払いをくらった。

私は他に遊び友だちがなくがっかりして家へ帰った。するとその夕刻から私も頭痛がし、発疹が出て高熱で寝込んでしまった。

当時予防接種がなかったので感染力が早く、他の兄弟たちも次々に熱を出し五人が病床についた。末妹の峯子は乳幼児だったが珍しくはしかにかからなかった。

兄・修、姉・廸子、私と弟・進は一週間ほどで発疹が消え回復したが、三歳の弟・守が重症になり高熱が続いて頭髪が抜け落ち衰弱し、いっこうに回復のきざしが見えなかった。僻地の備瀬には医師もおらず幼児の栄養補給の牛乳なども無く、長期療養には牛乳が入手できる与那原の祖父母のもとがよいと考えた母は、夏季講習の開催地那覇へ一家が上覇した際、守だけを祖父母のもとに預けた。半年ほど与那原で生生牛乳などで栄養補給をした守は、快方に向かったとの知らせを受けた。ところが学期中の父母は欠勤するわけにいかず、当時小学三年生の兄が守を引き取りに行くことになった。兄は備瀬から与那原まで三十三里の道程をひとりで旅し守を連れ戻した。交通不便な往時の一人旅をわずか九歳児がやり遂げたのだ。兄がいかに勇気と地理勘があり、弟想いであったかを知る。そのことは長年家族の話題となった。

守が家族を離れて半年間の療養後、兄と一緒に備瀬に帰って来た日、廸子と私は早速峯子の乳母車に守を乗せて、フクギ並木の大通りから村の津々浦々まで凱旋パレードをして弟の生還を喜んだ。禿げていた頭髪も再生し、まだいくらかひ弱に見えつつも「弟が生きてわが家に帰って来た」喜びで、長旅で疲れていたであろう弟の容体もかえりみず、私たち姉妹は乳母車を押して備瀬の村中をかけ回った。そんな昔の思い出をフクギ並木の梢を見上げて、いまは亡き弟(一九八五年死去)を偲ぶ。

女児のモウモウ遊び

私が子どもの頃、女児の遊びではモウモウ（貝殻の一種）遊びがさかんであった。沖縄は四方海に囲まれ大抵の集落は海辺にあり、海の恵みに満ちている。

ひねもす磯辺に打ち寄せる波に乗ってやってくる貝殻拾いは女の児の楽しみの一つだった。女児にとって貝殻は一種の宝石で、私も物心がついた五、六歳頃、備瀬の浜辺で貝殻拾いをし、近隣の女児たちとモウモウ遊び（おはじき）に夢中になった。家のすぐ隣に三歳年上の文ねぇがいて、彼女の家の前のミカンの木の下でよくモウモウ遊びをした。

おはじき用のモウモウ貝は約一センチ半の小さな貝で灰色の甲羅にオレンジ色の輪のある美しい貝殻である。神代大和の時代には首飾りにして重宝がられたという。沖縄の浜辺でよく見かけられる貝殻である。

それを目的に、女児たちは朝夕浜辺へ出て拾い集めておはじきに興じていた。

おはじきの際、真新しい鮮明な色のモウモウを出されると、そのモウモウ得たさにいわず語らず競争心が湧きその貝めざしてはじき出しに懸命になった。私もいつしかモウモウ遊びのベテランになり、はじき出して得たトロフィーを空缶に溜めて誰にも知られないように縁側の下に隠したものだ。そのモウモウの数が増えることは遊びの時間が多いことの証拠になるため、母に叱られるのを恐れて、床下の奥深く隠したものである。わが家ではおはじきは「禁じられた遊び」であった。

無人島へギーマ狩り

備瀬浜の岬からおよそ二五〇メートル離れた海上に小さな島がある。島といっても僅か千坪ほどの無人の島である。地元の人は「備瀬崎」と呼び陸地の続きと見なしているようだ。その島は絶えず北西の風が吹き抜け黒潮が流れる地点にあり、人が住むには狭く危険な島である。昔、座喜味城から護佐丸が北部の今帰仁城を征伐した際、その落人がこの小島に身を隠したという伝説があり、その祠がいまも残っているという。

「備瀬崎」へは通常舟でなければ渡れないのだが、ある日お隣の文ねぇに「今日はいい所へ連れていってあげる」と誘われた。

そのいいところへは「引き潮でないと行けない」とのことで、干潮時を見計らって文ねぇの弟や他の子供たち三、四人揃って浜へ下りた。

備瀬浜の潮干狩り

満潮時には備瀬浜とその小島の間は潮流が激しく危険であったが、干潮時にはその海峡のサンゴ礁棚を歩いて渡れる最干の日があった。文ねぇはその日を知っていたのである。

初夏のある晴れた日だった。文ねぇがリーダーになって子供探検部隊を組みその無人島へ遠征することになった。干潮のサンゴ礁棚を渡り歩くのだが、サンゴには鋭い剣山があり足裏が痛む。それでも子供たちは無人島探検に喜び、サンゴの剣もなんのそのとばかり礁から礁へと飛び足でどんどん進んでいく。私も怖々子供たちの後を追って行った。するとサンゴ棚が消えて眼前に深い水たまりにぶつかった。それでも子供たちは衣服が海水に浸っても前進を続ける。私はその海水の深みに尻込みしていると、文ねぇが「私がおんぶしてあげる」と助け舟を出してくれた。水深は彼女の腰丈ほどあったが、私をおぶって小島の白浜まで渡してくれた。

子どもたちは無事海を渡り砂浜に到着すると、「ワァ」「ワァ」と喜びのさけび声をあげて砂を蹴ってアダンや灌木が密生する林に向って一目散に走り出した。子供たちは今日の遠征の目的をすでに知っているらしく、人跡のある細道をかき分けていく。私は文ねぇの後に追いて叢《くさむら》をかき分け浜辺から一〇メートルほど林の中へ入った。すると二メートルほどの高さの木の群生がある。子供たちは心得たように、「あった！　あった！　ギーマがなっているぞ！」と歓声をあげつつ木登りをはじめた。

私ははじめてギーマの木を見、その木をしみじみと見上げた。この木が今日の冒険の目的だったのだ。枝先に黒いオリーブのような実が鈴なりになっている。私も他の子供たちに負けてはならぬとばかり木登りし、手が届く範囲の実をむしり採った。ギーマの実は薄い種皮を食べるのである。甘くも酸っぱくもなくやや渋味のある小さな果実で、美味とはいえないが、往時の子供たちにとって野生の果実狩りは一種のレクレーションであり、さらに危険な海を渡る冒険に醍醐味を見出していた。

無人島遠征でギーマ狩りを終え、リーダーの文ねぇがその林の奥へは行かないようにとの警告をしていた。危険地域だったのか、何か神秘があるのか、その理由は言わなかったが地元の人によると、今帰仁城の落人の祠があるという。

文ねぇは村の掟や満干潮の時刻をよく周知していて、あまり長く島に居残ることをさけ、子供たちがギーマの実をたらふく食べてお歯黒に染まると、一斉に引き上げ命令を出して無事備瀬浜に戻った。

海洋博覧会の際、三十三年ぶりに備瀬の思い出の地巡りをしたが、幼い頃冒険をした無人島「備瀬崎」を眺め、サンゴ礁棚や水たまりを徒歩で渡ったことが信じられない。いまでは海流やサンゴ礁の形態も変わり、海峡の水深が深くなったように見える。

人踏に荒らされることなく紺碧の海中に静かに浮かぶ小島に、過ぎし日の冒険を懐かしく思う。

チューリップ（一）

子供の頃「花の絵」といえばチューリップからはじまる。備瀬の家の戸棚には小学校の副読用に多数の絵本が積まれていた。

母は六人の子の出産後子育て中、備瀬で第二の教員生活に戻り分教場で一年生の担任になり、副読本などが家に保管され、授業に持参していた。

私はまだ五、六歳で絵本が大好きだった。なかでもチューリップの花が好きで絵本をまねてチューリップの花を描いて喜んだものだ。

チューリップの花を絵に描けば、富士山のように尖った三弁（実物は六弁）の長楕円型の花、支える垂直の茎にウサギの耳のような二枚の葉の構図と極めて単純である。

だが僻地の備瀬で観葉植物といえば赤花（ハイビスカス）かクロトンやトラノオが農家の庭先に自生しているくらいで、チューリップは絵本の中の「高嶺の花」であった。

ある春、謝花小学校で新学期準備の教職員会議に出席する父母について本校を訪れた。

謝花小学校は琉球松が青々と茂る森をバックに職員室を中心に両翼に赤瓦ぶきの校舎が建ち、各教室の前には色とりどりの花が咲いていた。

父母の会議中、私はひとりで学校の花園めぐりをした。当時の校長は宮城定蔵先生、その妻カナ先生であった。カナ先生は母が国頭郡女教員養成所（一九一八年開設）時代からの親友であった。定蔵先生は教育の環境づくりに大変熱心な校長であられたので、各学級で四季の花々を植えさせており、全校が花の学園であった。そのため沖縄で指折りの美しい学園といわれていた。

父が担任する備瀬分教場はサーターヤーにつながる広場、母担任の教室は農協売店の裏部屋に当たり、そこもアサギに隣接し、花園などはなかった。農村の備瀬では花を育てる時間や経済的ゆとりがなく花のある庭は皆無に等しかったので、色とりどりの花が咲き乱れる謝花校は私に強烈な印象を与えた。その頃花の名を知らなかったが、はじめて三色菫《すみれ》やスイートピー、日々草、西洋なでしこなど洋花に接し、この地上には様々な美しい花があることを知った第一歩であった。

なかでも職員室前の中央花壇に一群のチューリップが咲いているのを見て、一瞬固唾をのんだ。絵本ではなじみの花であったが実物にお目にかかったのはこれが初めてであった。

垂直に伸びた茎の頂点に真赤な楕円型の花筒、絵で見るチューリップは平面的で三枚の花びらだが六枚の花びらの花筒である。何かを秘めているようにまどかな花筒に私はうっとりした。その時チューリップはこの世で一番美しい花に思えた。この花の美をさぐろうと恐る恐る花筒の中をのぞいた。翡翠色の花梗に六枚の花びらの根が付き、花びらの根元の部分が漆色の傘模様になり、広い筒の部分の花びらの深紅と漆黒が対照的な配合であった。

私はどういうわけか幼い頃から「黒」に神秘性を感じている。その頃三原色の理論など分かろうはずはなかったが、「黒色」はあらゆる色彩の結集であり、赤・黄・青の三原色も黒に終結

する過程の色彩である、とまでは意識しなかったが、「黒」は目に見えない神秘を秘めているようでチューリップの花梗や他の花にも黒点があると好きになった。

　チューリップの花梗に黒を発見して以来、その花を自分の手で咲かせてみたい願望にかられた。教職員会議終了後の帰途、母に謝花校の花園で見たチューリップが美しかったことを話し、その花の種（球根）をぜひ探してほしいとせがんだ。

　チューリップはある期間寒冷の気温が必要で、年中温暖な気候では花を咲かせるのは難しい。沖縄ではまれな園芸花だった。母はそれを知っていて、ただちに「あきらめなさい」と私を諭した。

　欲しいものがあるとなかなか諦めない性分の私はその後も母にせがみ続けた。

　ある日、母は遂に親友のカナ先生にその話をしたら、翌春の校庭用の球根二個をもらい受け私に与えてくれた。私はまるで金の卵でももらったように有頂天になった。

当時六歳の私は花を育てた経験がないながら早速絵本で見た鉢植えをまねて、小さな木箱に土を入れ二個の球根を埋めた。毎朝水かけをかかさず芽が出るのを今か今かと待ち侘びた。水かけさえすればすぐに芽が出るものとばかり思っていた。

一週間経ち、二週間すぎてもいっこうに芽は出てこない、しびれを切らして母に「どうして芽が出ないの」と訊ねると、「草木には太陽の光が要る」と言われ、日当たりのよい家の前の貯水タンクの上に木箱を移したり、あるいは暑すぎるかも―と、木陰に置いたり、幾度も木箱の位置を替えた。どれくらい日数が経ったか知らないが、ある日、一本芽らしいものが土を押し上げた。

やっと芽を出したと喜び、その芽がすくすく伸びるのを期待し一日に幾度も木箱をのぞき込んだ。ところが二、三日経たずして芽はしぼんでしまった。謝花校の花園で美しく咲き誇っていたチューリップの花なのに、なぜ私のチューリップは芽が出たかと思うと消えてしまったのか疑問に思い、その原因究明に木箱の土を掘り起こしたら私の金の卵は薄黒く朽ち果てていた。

水のかけすぎか、光線による過熱だったのか分からないままに、私のチューリップは咲かずに消えた。

チューリップ（二）

チューリップの花育てに失敗してから二十八年がすぎた。奇しくもアメリカの首都ワシントンに来て結婚、その郊外に新居をかまえたところ、隣にマックグローというホワイトハウスの特警が住んでいた。

ワシントンの春はタイダル・ベイスン（人工湖）周辺に一九一二年東京都から日米親善の印として寄贈された桜の開花を皮切りに、市内の公園やホワイトハウスなどにラッパ水仙やチューリップの花々が咲き競い、いかにも春満面の季節である。

一九七一年、チューリップの花盛りが過ぎた四月下旬頃、その隣人が二百本ほどチューリップの古株をかかえてきて「もらわないか」という。私はびっくりした。

話によるとホワイトハウスでは毎年チューリップ・シーズンが終わると夏花に植え替えるためチューリップの古株を掘り起こして廃棄にするという。

一九六五年レーディ・バード・ジョンソン（ジョンソン大統領夫人）がホワイトハウスだけでなくワシントン周辺、さらに全米的に「花いっぱい運動」を起こして公園やハイウェイ沿いに花植えを推進し、政権が替わってニクソン大統領時代にも花いっぱい運動は継承され、毎年何十万ものチューリップの球根を主産国オランダから輸入してワシントンの春を飾っていた。

毎年連邦政府は多量のチューリップやヒヤシンスなどを輸入し、ぜいたくにも一回きりの開花であとは廃棄処分にするという。そのお裾分けが私たちにも回って来たのである。

ちなみにチューリップの由来は十七世紀初期オーストリアの駐トルコ大使が、コンスタンチノーブルの庭園に咲いていたチューリップの花に魅せられ、その球根を母国に持ち帰りその名が十七世紀初期ヨーロッパに広まったともいわれる。一六三七年オランダで「チューリップ・マニア」旋風が巻き起こり、配合新種が続々と競売にふされて価格は一個当たり何千ドル、何万ドルとつり上がった。マニアに罹った人は自分の家財を投げ打って倒産、自殺や街頭に迷う人が続出、その狂気ざたに遂に政府が乗り出してチューリップ競売禁止令を発布し価格安定を図ったとのことである。

十七、八世紀オランダの国を揺るがしたチューリップの原産地はオーストリア大使が見つけたトルコではなく、ロシア・中国・アフガニスタンの国境が合流する北ヒマラヤとパミル・アライ地方だといわれる。イランやイラク、トルコなど中東一帯を支配したオットマン帝国時代にトルコでチューリップの園芸栽培がはじまり、当時世界の交易の中心地であったオランダで栽培の全盛を迎え今日に到っている。

二十世紀、オランダといえばチューリップの花咲く広い帯状の花畑と風車、運河と水車など印象派のゴッホやゴーギャンの絵で有名だが、今日のチューリップの花影にはマニア旋風で生命や財産を失った悲劇的な歴史を知るようになって、子供の頃謝花校の校庭でその花の美に魅せられた心境に共通したものがあったとうなずく。

隣人にもらったチューリップの古株はいったん陰干し、十月頃球根を植え付け、半年地下で冬越しした後翌春三月—四月頃に新居の庭に満開した。実に長い栽培期間を要することを米国へ来てはじめて知った。

幼い頃備瀬で失敗したチューリップ育てを思い起こし、二十八年にして子供の頃の夢がやっと開花、花を眺めてしみじみと幸福感をかみしめた。

妹・峯子の子守り

沖縄の冬は比較的暖かくそれほど厚着は要らないが、一九四一年春先少々肌寒い日だった。

母が珍しく、懇意にしていた隣人に頼み本部渡久地から四、五ヤードの白ネルやガーゼ布を取り寄せた。母は早速畳の上にネル布を広げて何やら目測している様子。私は横で母がその布地でなにを縫うのか、私の寝巻きでも縫ってくれるのかと期待しつつ、「誰のものをつくるの?」とたずねると、照れくさそうに「生まれて来る赤ちゃんの肌着やおむつをつくるのよ」という母の返事。

まだ六歳の子供には母が懐妊していることに気づかなかった。母の意外な返事に驚いた。母は大柄だったせいか妊娠が目立たなかったのだ。自分の期待がはずれて内心がっかりしたが、気を取り直して、「赤ちゃんはいつ生まれるの?」と問い返すと、「近いうち」という。

白ネルやガーゼ布が届いて以来、母は幾枚も肌着やおむつ縫いに忙しかった。

間もなく女の児が生まれた。

女の児は、当時のアジア制覇をめざす日本国の象徴である富士山の高嶺のように気高く美しく育つように―との母の願いをこめて「峯子」と名付けられた。まだ学齢期に達していない私、弟・進、守にまた一人赤児を抱えて教職にあった母は、峯子の子守り兼お手伝いとして今帰仁から若い女性を雇った。その女性は農家育ちで本や雑誌など見たことがなかったらしく、家事や子守りをそっちのけに雑誌に読みふけることが多かったため、四、五ヵ月で解雇した。

さて、子守りがいなくなると、誰が峯子の世話をするかが問題になった。

峯子が出生した時、大阪の良おばさんからお祝いとして西洋風の籐作りの乳母車が送られて来た。田舎に住む私たちには当時ハイカラな贈り物だった。赤ちゃんを背におぶる必要がなかったのでまだ六歳の私が峯子の子守役を引き受けた。

父と母の分教場は離れていた。父の担当二年生の教室は現在の備瀬南入口あたりに赤瓦ぶき一棟、母の担当一年生は村の中央アサギわきの農協売店の半分を仕切った部屋があてがわれた。両教室は村のフクギ並木大通りに直結し、およそ一〇〇メートルの距離。

私は峯子を乳母車に乗せて父母の授業中、両教室を幾度も往復した。

峯子は乳幼児ながら気難しさがなく、乳母車のへりに手をかけ私が押す進行方向に顔を向け、柔らかい黒髪を風になびかせて楽しげに笑う姿は天使のようであった。授乳時やおむつ替えには大急ぎで母の教室へ車を押した。峯子が車の中で眠る時間には、教室の窓外で時間つぶしに父が板書した漢字を覚えるために、乳母車のわきの砂地に写し書きして練習した。黒板に新しい漢字が書かれるとまた一字新しい漢字を覚えることに夢中になり、乳母車の峯子を忘れることがあったが、無視された峯子の泣き声で子守役に戻り、車を押して母のもとへ―とフクギ並木路を急いだ。子どもの頃濃緑の生い茂る並木のフクギは高く見えて威圧を感じたものだ。一直線の並木の樹間の空に向かって泣きじゃくる峯子を「ママちゃんのところへ行くんだから泣かないでね」となだめながら自分も一緒になって泣くことがあった。涙は涙を誘う。

峯子が生後六、七ヵ月経って畳の上を這い回るようになると私が読んでいる本を横からひったくり、ことばにはならないが本を両手に持ちあげて読むまねをするようになった。円顔で黒目がぱっちりとしてすぼんだ口元は日本人形のように愛らしかった。

乳歯がはえ出しそろそろ柔らかい離乳食を与えるようになった頃、峯子は食あたりしたのか下痢を起こした。快癒のようすがなく母は峯子を連れて名護の医師にかかったが、すでに手遅れで峯子は短い命を絶った。

一九四一年の年の瀬であった。

その年十二月八日、日本は大変なことをしでかした。子どもの私には戦争とはなんなのか分からなかったが、日本が真珠湾を奇襲し、その翌日憤った米国は宣戦布告をしたのである。その大事件もあって暗い大晦日の夜であった。

乳母車

峯子は母の叔母宅で医師に見とられ静かに息をひきとった。はじめて目の前で肉親の死に遭いその悲しみで妹の身代わりになれるものなら—と思っても妹は帰らぬ人になった。

青ざめて静かに眠る峯子の顔にはあの生き生きとした表情も愛らしい笑い声もなく、蝋人形のような冷たさだけが残っていた。身をゆさぶって起こしてあげたい衝動にかられながら、ただ峯子の死顔をみつめた。死とは静、無に還ることであり、自分になすすべを持たない苛立ちと無力感に打ちひしがれた。

母は暗い電灯の下でもう身動き一つしない峯子を胸にかかえて涙にくれていた。そうした母の姿を少しはなれた座敷から眺め、救いようのない自責と悲しさで眠れぬままに夜が白み出した。

その日は元日であった。夜が明けて日が昇るとともに泣き疲れが襲い、そのまま深い眠りに陥った。目醒めたときにはすでに日暮れであった。

灰色の雲がたれさがる元旦、町全体もなんとなく暗いお正月であった。

夕刻、名護の親類が集まった。元日の日中の葬儀は縁起が悪いとのことで、日没の時刻を待って、母方のサンメー屋の亀甲墓の外郭に小さな墓をつくって峯子は埋葬された。

母の詠歎歌

悲しくも幼児ひとり黄泉にやり
いかに渡るや三途の河を

富士の峯ちなみてつけし名なれど
峯も登らず人の世を去り

備瀬浜で白い煙

濃緑の厚葉が生い茂るフクギに囲まれた備瀬集落を一歩海岸へ足を運ぶと、白い砂浜にエメラルドの海原が広がり、向かい沖に伊江島タッチューを頭に両翼を広げた細長い島影が視界に入る。北西の風が吹き荒れる日には、大軍艦が白波を切るかのように波濤に揺れる伊江島の島影も見られる。備瀬と伊江島間には黒潮が流れ「奔流七哩」という激しい海流があるという。

備瀬の海岸はサンゴ礁に囲まれ、春先には岩肌にアーサ（ヒトエグサ）が繁茂し、潮干狩りによい季節である。

幼い頃、よくひとりで浜辺へ出て遊んだ。当時は人さらいもおらず穏やかな時代だった。海岸へ出て波打ちぎわで波とかけっこをしたり貝殻拾いをしたり、小石投げや砂遊びなど海辺は子供の遊び場、天国であった。

峯子が逝って間もないまだ北風の吹く肌寒い日だった。

母が珍しく姉・廸子、弟・進、守、私を備瀬浜へ連れ出した。

「今日、大阪の良おばさんの船が通るのでみんなでおばさんに別れのたき火をしようね」という。

いつもひとりで貝殻拾いをしたり徘徊していた浜辺へ母が私たち姉弟を一緒に連れ出したことでことさらに楽しさが増した。

「たき火には木切れやアダン葉、モクマオウの枝が要るのでみんなで集めましょう」との母の指令を受けて、私たちはあたりの砂浜に埋もれた流木や海岸べりに生えていたアダン葉やモクマオウの枝などを拾い集めた。

潮風が吹きつけうすら寒い日であったが、波間に反射する太陽光線がギラギラと揺れ、まばゆい昼さがり、みんなで拾い集めた流木や青葉を積みあげ、たき火の準備をした。

母は煌めく波光にまぶしそうに手をかざしてじっと沖を見つめていた。母の目にもなにかきらめくものがあった。峯子をなくして間もなかったので、姉との別れにも深い哀惜を感じていたのだろう。

良叔母は峯子の出産祝いに籐作りの乳母車を贈ったり、年の瀬には廸子と私にお正月用の華麗な晴れ着や鈴付きのポックリ下駄、羽子板など羽つき遊びの一式を送ったり、何くれとなく私たち家族に配慮を惜しまない「福の女神」的存在だった。

幼心にも叔母を恵みの神として崇め、見知らぬ遠地に住む憧憬の人であった。中年の叔母は色白で瓜実顔、ほっそりとした長身、着物がよく似合う上品な人だった。

叔母は大阪で夫とともに沖縄劇場に関わり芝居衣装などの仕入れに度々帰郷し、母も着物のお下がりをもらい、柳行李にちりめんや絹、紬、絣の着物をいっぱいつめていたが、学校への通勤には洋服が平常着だったため、着物を着る機会はほとんどなかった。

叔母を見送る「白い煙」たきの日、すでに真珠湾奇襲により日米戦争がはじまり船旅が危ぶまれていた時期だったため、叔母の船出は母にとっていろいろと心配されたであろうが、戦争のことなど全く知らない子どもたちは、たき火をたいて海の彼方の叔母に別れの「白い煙」をなびかせ、叔母へ自分の夢を託すことに浮きたっていた。

伊江島沖に汽船が現れるとそれ来たとばかりに母が火付けをし白煙をたてた。当時の汽船はのろく、ゆっくりと海上を走る。たき火の煙が潮風に乗って海原にたなびく。叔母が汽船の上からこちらを眺めていることを願い、私たちは手をふった。船は徐々に伊是名島に向って姿がぼやけ消えて行った。

アダン葉の白き煙に夢托し
沖行く船に　別れ惜しめり

湖南丸撃沈

太平洋戦で日本軍の南洋諸島進攻が逆転し沖縄近海でも軍艦や輸送船、旅客船が米軍の潜水艦に撃沈されたとのニュースが相次ぐ中、沖縄では敵前上陸を危惧し学童疎開が施行された。その学童疎開船の一隻「対馬丸」が一九四四年八月二十二日、悪石島沖で撃沈され多くの学童が海中に消えたことは今もって沖縄の人々に深い悲しみを与えている。

学童疎開開始の前年一九四三年十一月に大阪の叔母・良子はお正月劇場に備え、その舞台用品購入のため帰沖する海上で、客船が魚雷の射撃を受けて船体の一部が破損し、ようやく沖縄に着岸したという。その遭難寸前の出来事もあり親類たちは叔母の再上阪を危惧し、「危険だから沖縄へとどまるように—」と忠告したようだが、叔母はお正月芝居を気にし、親類が止めるのも聞かず、急きょ、大阪向けの湖南丸に乗り込んだ。真冬の海のしけの中の旅だった。叔母は戦時の海上の危険を冒してでも、お正月興行に間に合わせたい一心だったようだ。

ところが鹿児島南西沖北緯三〇度二六分、東経一二九度八分を運航中、米潜水艦グレイバック号の魚雷に遭い、湖南丸は撃沈され、叔母は永遠に帰らぬ人となった。

米軍側の記録によると、湖南丸には民間人を装って多くの軍人が同乗しているとの情報で攻撃のターゲットになったという。

湖南丸撃沈は一九四三年十二月二十一日、年の瀬が押しつまった日であった。その訃報が当時瀬底校に赴任していた母のもとに届き、私たち家族は叔母の急死に衝撃を受け悲嘆にくれた。叔母の急死に、暗い戦雲がいよいよ身近に迫りつつあることを感じた。

一九四四年は戦争の砲弾を予告する暗い新年であった。

母は名護城ノロ家の六人兄弟の末娘として生まれ、五歳年上の良子姉を母親代わりに慕っていただけに姉の突然の死は大変な衝撃であった。母が一晩中泣き続けていたことに隣の床の中で気づき、私も悲しい思いをした。幼い頃から本土に住む叔母は私の憧れの人で、再会を楽しみにしていただけに叔母の急逝は私の未来の一つの灯火が消えた思いがした。喪失感で胸がつまり母の横でひそかに涙した。

敵艦グレイバック号

太平洋戦時中、悪石島沖で撃沈された対馬丸を含め、沖縄関係の船舶二十五隻が被害に遭い、犠牲者は一九四九人にのぼったという。

米潜水艦グレイバック号による撃沈船舶は一九四二年三月十七日父島沖で石狩丸、同十月二十一日ラーパル沖で輸送船モトマル、一九四三年三月十三日ビスマルク半島北西沖でノシロマル、さらに日本駆逐艦夜霧丸、同年五月十七日輸送船イギリス丸など、太平洋戦でめざましい戦功を立て表彰をうける。

他にも一九四三年十月二十二日日本軍輸送船アワタ丸が沖縄西方海上で撃沈、続いて同年十月二十七日商船富士丸が米海軍艦シャド号の爆撃で破損したところを、グレイバック号が第二爆撃をくわえ完没、同十二月十九日那覇の東北西で商船ギョクレイ丸撃沈、同十二月十九日、那覇東北東五〇マイル海上で駆逐艦沼風号が撃沈されるなど沖縄近海で惨事が続いていた。そうしたきびしい情況下、湖南丸は網引き漁船かしわ丸を伴って那覇港を出港したが、米軍はすでに同客船に日本軍人が民間人を装って同乗しているとの情報を得ており、追跡し魚雷を放ったといわれる。グレイバック号は沖縄―鹿児島間、台湾、東支那海を巡航し、多くの日本船舶を撃沈、米海軍省から表彰を受けたが、一九四四年遂に東支那海北緯二五度四七分、東経一二八度四五分の海上で日本海軍の戦闘機の爆撃を受け船体に破損しつつも翌日日本輸送船セイロン丸を撃沈した後、海中に沈没。第二次大戦中、沖縄近海で猛威をふるった米国の海の英雄も遂に力尽きて、乗組員全員もろとも海底に眠り続けているという。

戦後六十二年、敵も味方も幾百万人もの犠牲者を出した第二次世界大戦を顧みると、戦争とは人命の空費、計り知れない精神的物質的破壊行為である。戦争を免れ生き残った者はその瓦礫の中から立ち上がるまでには半世紀以上かかった。ある人にとっては戦争は未だに終わっていない。歴史の一事が幾世代も尾を引く過酷さに思いは尽きない。

第三章

瀬底島

本部海峡渡り

父母が本部半島岬の備瀬から瀬底島へ赴任することになったのは一九四二年三月、私が国民学校へ新入する年であった。

三年間備瀬の人々となじみ幼なじみの文ねぇとの別れはつらい思いがした。日頃相互助け合い精神の強かった備瀬の青年たちが、少々荒れもようの春海を二隻のサバニ舟で私たち家族七人を分乗させて漕ぎ出し、私たちは住みなれた備瀬浜をあとにした。

本部半島と伊江島間の海峡は風のない穏やかな天候でも黒潮の奔流が流れ小さなサバニの旅はただごとではなかったのだが、備瀬の青年たちは勇壮に櫂を漕いでいた。サバニの舟底に波の揺れと波を切る櫂の音を聞きつつ、彼方の島がどういうところなのか見知らぬ任地への不安と期待が交錯した。

備瀬の浜から伊江島は朝夕よく眺めたが、南寄り遠方の瀬底島は視界にとどかなかった。はじめて見る島影は珍しく、サバニの波の間に間に浮き沈み、探険の気分が沸いて来た。

瀬底島は本部半島浜崎（現在の健堅）から眺めると、亀の甲羅のように緩やかな丘陵で森林はなく海中に浮かぶ巨大な亀の形をした島である。

島は海抜七二メートル、周辺約七・六キロ、面積三・四六平方キロ、海岸線は隆起サンゴ礁からなり、本部半島からのアクセスは浜崎に面したアンチ浜という美しい白浜である。

備瀬からサバニで三時間余、はじめての舟旅で波濤の揺れに舟酔い気味、アンチ浜に到着したころは当初の好奇心は失せて、兄弟たちは舟疲れでみな不機嫌であった。

浜辺に曳き縄を投げ、私たち一家が砂浜に降り立つと、島の先任教師の冨名腰義幸先生と有志の方々が出迎えてくださった。冨名腰先生は母と同郷名護出身ということもあり、なにくれとお世話をいただいた。

アンチ浜から村の集落へは緩やかな坂道を一キロばかり登らなければならず、しかも三月とはいえ全く木陰のない石灰岩の道は路上に太陽熱が反射し、舟旅の疲れに暑さが加わってみなヘトヘトになった。それにとっくに正午がすぎお腹はペコペコ、皆不平不満がつのった。父母の新しい任地に兄弟間には失望感が流れた。当初の未知の島への好奇心は消えて、長い坂道の徒歩のつらさで弟たちは泣くやら「こんな島へ来るんじゃなかった」とブツブツ愚痴をこぼしながら坂道を登りつめた。

すると全く木のない島に見えた「ヤキジマ」であったが、備瀬と同じく濃緑のフクギに囲まれた集落に到着。集落は多くの赤瓦屋根が目についた。私たちは集落の中央あたりの大きな赤瓦の家に案内された。そこは瀬底三班の仲田家で私たちの暫定住居になった。

そこで遅い昼飯を支度してもらい、ご飯が炊けるまでのオヤツにふかし芋が出されたが芋は常食でなかったため、空腹をこらえてでも白ご飯が欲しかった。ご飯が炊けるまでの時間が長かったことといったら、「永遠」に思われた。

国民学校のはじまり

備瀬から瀬底島へ移転して来た一九四二年四月、私は瀬底国民学校の新入生になった。その前年にこれまでの小学校令が国民学校に改称されたばかり、まだ耳慣れない名称であった。

日本はすでに満洲事変（一九三一年）や日華事変（一九三七年）を起こして東アジアの侵攻を計り、それを牽制しようとするアメリカに対して憤懣が高まり遂に真珠湾奇襲（一九四一年）により日米英戦争がはじまったばかりの春であった。

瀬底でも戦事体制が布かれ学校でモンペ服やゲートル巻きの訓練が朝礼時間に行われていた。

父は瀬底国民学校の教頭に就任、肩書きがついた。各学年とも五十名足らずで全校在籍数四四七人だったが、私が入学した年の新入生は瀬底でベビーブームだったらしく七十名をこえ、各学年一教室しかなく、教室不足のため七十余名の新入生は一教室にすしづめにされ、机と机の

瀬底校で新垣一家。左から進、父、修、守、母、筆者、廸子

間が狭く小さな身体でやっと通れるほどであった。七十余名一クラスの担任に古参の母があたった。私は内心がっかりした。新しい地で新入生になる期待がはずれた感がした。

朝夕生活を共にする母が教壇に立ち、日中学校でも顔を合わせるのは家庭の延長のようで馴れの意識が払拭できず、授業に対する好奇心や新鮮味に欠けていた。

備瀬の分教場で父母が教えていた前年、まだ学齢に達していなかった私は妹・峯子の子守りをしながら教室の窓外から授業をのぞき、一、二年生の読み書きは大体できていたので母の授業はこれまでの復習のようなもので退屈であった。

それでも母が教室に入って来ると「起立」「礼」と号令をかけ「先生、おはようございます」を斉唱し「着席」と号令をかける級長になった。授業中できるだけ他の生徒の邪魔にならないように静かに我慢して前列に席を占めていた。

母が何か質問を出すと素早く挙手する男の児がいた。私は耳をピンと張り後ろを振り向くと大城善幸君や渡久地良進君らが正解を出した。彼らはディキヤー（頭がよい）だと内心感心し、競争心をあおられた。

一時間ごとの授業終了の鐘が鳴ると、われ先に教室を飛び出し、校庭へ走るときの解放感はなんともいえない。

当時、瀬底校の女児に頭シラミが蔓延していた。母は授業中頭をかく生徒を見て、休み時間になると、一人一人教室の片隅に呼びよせシラミ駆除をするようになった。各家庭ですべきことを母はわが子のように生徒にもやっているのを私は見て見ぬふりをした。

当時の瀬底校はコの字型に校舎が建ち、中庭は国旗掲揚台を中心に放射状に造園されていたが、すでに戦時体制で物の節約が唱えられていたのか花らしい花はなく緑草だけが青々としていた。

皇民化教育の勝ち組

小学校から国民学校に改称され文字通り国民（皇民化）教育が強化された。それ以前から沖縄では「方言札」という奇妙な札が出回った。その札については各地で様々な滑稽な話が多いのでここでははぶく。

その頃他の家庭ではどうだったのか知らないが、わが家では「天照大神」と書かれた短冊を杉板に張りつけた拝礼札が床の間の中柱に掛けられていた。

朝登校前に礼拝し「行って参ります」と大急ぎでランドセルを背負って家を出たものだ。「天照大神」はいうまでもなく天皇家の御始祖とされ大和民族の神として崇めたてまつられていた。それも皇民化教育の一環であったかと思う。

学校から帰宅しても共働きのわが家には誰もいなかったので、それをいいことに帰宅後の礼拝合掌は怠ったが、母が見ている朝には母にいい子だとほめられたいために合掌した。

明治維新後、自由・民主主義が風靡し神代からの天皇世襲制を疑問視する者が現れた。そのため世襲的君主制を正当化するために、学校教育で「天照大神」物語が教えられて天皇制絶対主義体制を強化し続けていた時代である。

「神の国・日本」「天照大神のご子孫の天皇は神である」との思想は、明治生まれで小学校教育を受けた人には根強く浸透していた実例がある。

戦後二十五年、私がハワイへ来て出会った人の実話である。その方は小学校六年修了後ハワイへ移民したが、天皇神格を信じ、同年生まれの昭和天皇への忠誠心からか、「第二次世界大戦で日本がアメリカに敗けたとは信じない」という。それが敗戦二十五年経っていた時点のことである。私は自分の耳をうたぐった。その方の言葉が信じ難く、「日本で日本が勝ったとは誰も信じないし、そう思うものは一人もいませんよ」と反論し、「日本が勝ったという証拠は何ですか」と問うと、終戦の日「布哇タイムス紙」の片隅に掲載された小記事の切り抜きを示し、「日本は敗けたのではなく、敗けたふりをしているだけだ」と主張した。

彼が沖縄の小学校で受けた教育は「日本は神の国であり天皇は神の子孫なるが故に神は子孫を守り、国は亡びることはない。いつか神風が吹いて敵を打ち破る」と信じていた。

蒙古襲来の際神風が吹いて蒙古軍が海中に消えたとの同じ神話を信じていた。

戦後南米移民の間で「勝ち組」と「敗け組」があったと、ある雑誌で読んだことがあったが、真珠湾攻撃を受けアメリカの領土であるハワイで実際に「勝ち組」にめぐり合うとは全く想像もしていなかっただけに、返す言葉もなくただ唖然とした。

勝ち組は日本の敗戦の事実を認めず、あるいは否認して専ら「天皇は神である」ことを信奉し忠誠を誓う組である。

実際に戦火をくぐり生きのびたものの、敗戦後のきびしい窮乏生活を耐えしのんだ沖縄には誰一人日本が勝ったなどと考える者はいなかったが、南米のように日本の情報が入りにくかった遠隔地はともかく、アメリカ本国と日本との真ん中にあるハワイで勝ち組が現存していることは全くの驚きであった。

私たち昭和生まれは比較的幼少で皇民化教育が浸透していなかった時期に終戦を迎え、歴史的な事実は事実として受け入る柔軟性を持っているが、明治生まれの頑固党は「天皇神格化教育」を受けた極端な実話である。盲信とは事実を事実として認めず、教えられた通りに信ずるものであると痛感した。

校庭での遊び――お手玉と手まり

学校の休み時間、女の児の遊びに手製のお手玉や手まりがあった。

手玉は洋裁の残り布地を適当な大きさに切り小さな袋を縫って、その中にシシダマや砂を詰めて縫い込んだ玉を作り、四、五個を両手に乗せて空中に順ぐりに手回しする遊びである。手のひらから玉を落とさず誰が長く上手に手回しが続けられるかの競争であった。お手玉はグループ競争もできればまた独りでも遊べる便利な遊び道具である。

瀬底で他に少し手のこんだ遊び具に手まりがあった。

瀬底島の海岸べりは様々な岩礁から成り、その岩石のいたる所にソテツが群生している。ソテツは潮風に強く幹は太い筒型で年々七、八枚の葉がぜんまい状に芽を出し、葉は細くさけて針状、濃緑で光沢がある。他の地域では観葉植物として重宝がられているが、瀬底島では観用ではなく暮らしの一資源であった。

昔、飢饉に見舞われた際その太い幹をそぎ毒抜きをして飢えをしのんだ沖縄の「蘇鉄《そてつ》地獄」時代がたまたま話題になったが、当時は食用ソテツではなく遊び具作りの素材になっていた。

島の女の児たちは夏の盛りに咲くソテツの雌花（雄花は別株）から柔らかい綿のようなものを採集して手まりの材料にした。

雌花は幹の中央に鉄線状の冠をつけ、その中に朱赤色の円い実が幾つも成りその実を包むようにめんぼこが付着している。そのめんぼこを集めて紬糸でぐるぐるまるめてボールを作り、さらに好きな色糸でめんぼこボールの表面に綾編みして美しい手まりを作っていた。

自分の手で作った手まりを自慢にし、誰の手まりが一番きれいな色彩か、そして地面に打ちつけてどれだけ高く跳ね上がるかなど、女の児の腕自慢があった。

当時ゴムまりは希少だったため、入手は難しかったが、誰かが小ゴムまりをめんぼこの中に隠し入れて作った手まりを誰のものより高く跳ね上げて他の子供たちを感嘆、羨ましがらせる技量者もあり、子供遊びは楽しかった。

一方、男の児は屋敷のまわりに生えていたチンブク竹で小鳥のおとり籠を作りメジロをおとりにかけてメジロのノド自慢をさせたり、竹馬乗りが流行っていた。

玩具を買うぜいたくが許されなかった時代、子供たちは自分の身近な自然の素材や家庭の廃品を利用して遊び具を工夫する創造性を持っていたと思う。

太平洋戦雲迫る

僻地瀬底は一見時勢の嵐など吹かない穏やかな島に見えた。ところが一九四三年頃、島にも暗い戦雲がはり出した。

学校の職員室の壁に世界地図が張られていた。小さな列島から成る日本帝国が朝鮮半島、満州、支那大陸、インドシナ、ビルマ、さらに南下してインドネシア、シンガポール、フィリピン、南洋諸島が日本の領土として顕著に赤色（支那はピンク）で塗られていた。

「大東亜共栄圏」を唱えて地図の上で明確に日本が領土拡張進行状況を示していた。その地図を見るにつけ、日本は小さな島嶼国ながら世界の中で大大陸の「支那」（当時は中国と呼ばずこう呼んだ）をも征服しつつあることに驚異感嘆した。

「これだけ大きな領土を征服したのだから日本はアメリカもきっと打ち負かす。強い国だ」と信じて、日本国民であることを誇りに思った。

一九四一年太平洋戦ぼっ発については幼少で知らなかったが、国民学校に入学し、職員室に出入りするようになって少し時勢にも眼が開きかけた。

当時、電気やラジオがなかった学校で国旗掲揚台前の壇上で朝礼の時間に時折日本軍の大本営発表として戦況を説明することがあった。

私は職員室の世界地図で日本軍が次々に南洋群島（ソロモン、ニューギニアなど）への侵攻を示す赤マークを見て、日本の必勝を信じきっていた。しかし、いつしか日本軍の侵攻の矢印がガダルカナル島で止まり、いっこうに前進するようすがない。何かへんだ！　その停止状態に不審と危惧を抱きはじめたが、大本営発表は相変らず進軍ラッパを吹き続ける。その一方で学校では決戦に備えるべく、学童も農事奨励にかり立てられた。いわず語らず、戦局の悪化が日増しに目に見えた。学校の運動場の一角を開墾し、野菜畑を作り食糧増産にかかった。それに職員室の中央棚に安置されていた天皇皇后両陛下のご真影を校舎から離れた校門の右手にコンクリート建ての奉安殿を建て移動したり、戦備の動きが顕著になった。

日本の戦況地図の矢印が停止したままになっていたガダルカナル島では、米海軍も同島を拠点に日本軍の侵攻を阻止しようと両軍が激しく戦い、半年に亘って領地を取ったり取られたりイタチゴッコが続いたといわれ、遂に日本軍が敗北し、それを転機に日本は後退の一途を辿る。パラオやサイパンで日本人移民が虐殺や集団自決に追い込まれた戦争の悲惨さは、今もって人々の胸を打つ。

サイパン玉砕のニュースが伝わると、沖縄も同じ運命を辿るのでは—と緊迫感が高まった。

学校では鉄金属類の収集やら農産物の増産のため、午前中で授業をきり上げ、午後は農産に励むよう奨励された。その他、護郷隊やら鉄血勤皇隊が徴集され、中学校では軍事教練が行われた。

わが兄・修も十三歳で航空兵を志望しようとしたが、母の猛反対で諦めたという。まさに一億総動員体制に入ったのである。

放課後の日課

島の学童は平常時でも学校がひけると、男児は家畜の草刈りや芋掘りなど農事を手伝い、女児は子守りや野畑から燃料用にソテツやサトウキビの枯葉集めや台所仕事をするのが島の習慣になっていた。

外来者で畑をもたない教員の子は家へ帰ってもすることがなかったが、島の学童に見習い二年生の頃から私も家族七人分の朝食の食器洗いをはじめた。

朝家族全員がいっせいに学校へ出払い、母も食器を洗う時間がなく、台所にバケツ一杯食器を水浸しにしたまま大急ぎ出勤していたので、私が食器洗いを引き受けた。放課後、食器洗いがすめばあとは自由時間だが当時は学校図書館もなければ余暇のお習いごともなく、遊び相手は兄弟ということになるのだが、兄弟は朝夕とも一緒で遊ぶ相手としては面白くない。

そうした境遇を知ってか、同級生や上級生からよく誘いの声がかかった。製糖期になると、「今日、うちのサーター番だから一緒に行こう」と声がかかると、甘党の私の胸が躍った。

サーターヤーのうま味

一九一〇年頃から亜熱帯気候に適したサトウキビ増産がはじまり沖縄各地でキビ作が農家の主要換金作になっていた。私たちが移り住んだ南部佐敷や北部備瀬と同様、瀬底島もサトウキビ作がさかんであった。サトウキビは冬季収穫で農家はユイマールでキビの刈り入れ、運搬や細かい製糖作業を分担していた。したがってサーター作りの日も順番制で行われる。

瀬底のサーターヤーは集落の北西はずれにあった。圧搾機を回す馬使いや圧搾機にキビをつぎ込む人、キビ汁を大釜三基に煮つめる人、かまどに燃料をつぎ込む人など大勢の共同作業であった。キビ汁を煮つめる燃料には前作のキビガラが使用された。

製糖期の瀬底はサーターヤーから立ちのぼるキビガラの煙とキビ汁を煮つめる蒸気が北風に乗って甘い香りが漂い、島全体がほのぼのとした温かい雰囲気に包まれる。

生来甘物好きの私はサーターヤーに誘われることは最高の楽しみであった。

実をいえば製糖工場は子供にとって危険な場所で歓迎されるところではなかったが、教員の子として特遇を受けて製糖工程を見学する機会を得た。

圧搾機を回転する馬の鞭打ち、ときには馬が駄々をこねることがあり作業の一時中止、当番の農家の人はイライラする。馬は一時休息を経て元気回復、作業再開、圧搾機でしぼり出されたキビ汁はサーター小屋の大釜に注がれる。大釜は掘り窯に乗せられ乾燥キビガラや薪をくべ続ける人、大釜の前ではサバニの櫂のような巨大なしゃもじでキビ汁を掻き回す人、その蒸気で小屋の中は六〇度以上の熱気でむれる。その熱気で人影がぼけてかげろうが踊っているかに見えた。

何時間も煮つめて薄茶色に変色しキャラメル状になった時点が製糖成功の最も重要なポイントであるため、その時点を見極める特別な鑑識専門家を雇っていたという。

私を誘ってくれた上級生はキビ汁を煮つめる蒸気でむれる小屋内に案内し、ちょうど第三釜がキャラメル状になり石灰を添加する寸前だった。

その上級生は前もって準備持参していたキャベツの外葉を差し出し、技士に熱いキャラメルを葉の上にたらしてもらった。キャラメルは葉の上で冷えると飴に変わりそれを葉からはぎ取って食べるのである。

キャベツの外葉には植物自体のワックスが付着していて、粘っこい飴でも葉の上から容易にはぎ取れる。

私たちは飴のついたキャベツ葉をもらって蒸気でむれる小屋から喜び勇んで外へかけ出した。熱気の満ちた小屋の外に出ると急に寒さを感じたが、飴を食べる楽しさで寒さは問題にならなかった。新鮮なキャベツの香りが飴ににじみ独特の風味がし、固型の黒糖とは異なる味がして大変美味であった。

島の換金作物、黒糖製造の最中、ミツバチたちに蜜をとられて少々の損失はあったであろうが年に一度子供たちにそうした楽しみを与える寛大さがあったように思う。瀬底での忘れられない思い出の一つである。

ヒバリとウズラを追って

瀬底校在籍数四四七人中、高等科一、二年生はごく僅か、なかでも師範学校や農林学校進学をめざす先輩―仲田善明さんや湧川正義さんらを知らない者はなかった。

ある日、その一人、島袋盛慎さんが日課になっている家畜の草刈りのついでにヒバリの巣を見せてくれるとのことで、私と弟を誘った。

島袋さんは校内で優秀で生真面目な先輩として知られていた。瀬底へ来て兄・修はいっこうに弟妹にかまわず友人との遊びに熱中していたので、島袋さんの誘いは自分の兄のお供をする気分で草刈りに追いて行った。島袋兄がどうして私が小鳥好きであるのを知ったのか、ただ偶然だったのか、ヒバリの巣を見せてあげると聞いて私は胸がワクワクした。

島袋兄は島の北側のサーターヤー近くに住み、たしか馬を飼っていたと記憶する。

島の北側の草刈り領域は水納島や伊江島が見える野畠であった。

瀬底は稲作を除いて、サトウキビ、芋、大麦小麦、大豆あずき豆、えんどう豆、唐豆、ゴマや落花生など家庭で必要とする農作物はほとんど自給自足であった。そのため赤土の畑は小さく区切られ、季節に応じて混合輪作をしていた。

島の北西側は緩やかな傾斜に耕地が広がり、畠と畠の間にカルスト岩礁が点在しそれを覆いかくすようにソテツの林があった。そのソテツ林にヒバリが営巣しているという。

島袋兄は日課の草刈りでこのあたりの動植物の生態によく通じていた。私たちは彼の後を追って叢《くさむら》をかき分け、剣山のようなとげとげしいソテツの葉の間にヒバリの巣を見つけた。巣は枯れ草や麦藁をまるめソテツ葉の窪みの掌にこぢんまりとかけられていた。

ヒバリは卵を抱いていたらしく、人の気配に驚きサッと飛び立った。島袋兄が巣の中を見るようにと手まねきしたので、私たちは抜き足さし足で巣に近づき中をのぞいた。私は小鳥に対して強烈な愛着を感じていたので、小鳥が身近に見られることに胸がドキドキした。

巧みにできた巣の内部にソテツのめんぼこが敷かれ、褐色の斑点のある可愛らしい小さな卵が二、三個見えた。この小さな卵がふ化し先刻飛び立った親鳥のように空高く「チュン、チュン」と鳴きながら野や海を飛び回るかと思うといじらしくてたまらなかった。しばらくじっと巣を眺め、飛び立った親鳥の行方を追って空を仰いだ。

麦畠にはウズラがよく巣を作ると教えられ、島袋兄が草刈りをしている間、私たちは刈りとられた麦株の間をあちこちウズラさがしをした。するとまぎれもなくウズラの親子が一列になって素早く茂みの中へ逃げ去るのを目撃したが、ウズラの早足にはとても追いつけず、弟と二人で面白がって畠の中を駆け回った。

眼下に見下す広い耕地の行きどまりにモクマオウやアダンの林があり、林に沿って白い砂浜がまばゆいばかりに輝いて見えた。そして大海原へと視界が無限に広がる。

海の彼方に伊江島が見え近くには真白な砂丘に青々としたモクマオウが樹立する水納島が横たわっている。当時水納島へ渡るのに瀬底の第二の浜クンチ浜から自分でサバニを漕いで渡っていたという。

島袋兄の草刈りのお供をして数日後のことだった。島袋兄は草刈りのついでにウズラのひなを捕らえて、二羽を届けてくれた。そのひなは私の小さな親指ほどの大きさで吹けば消えてしまいそうな柔らかい毛が生えていた。私は有頂天になった。二羽のひなにつきっきりで、水をやったり粟粒や芋をつぶして無理に口の中に入れようとしたりペットを手なづけようと懸命になった。可愛さ余ってかえって虐待になったらしく二羽のひなは一日足らずで衰弱し、夕刻に息絶えてしまった。もう動かなくなったひなを手にしばし泣いた。

私たちの借家は古い石灰岩の石垣で囲まれていた。その南側の石垣沿いに小さな花園があり、クロトンやヒガンバナ、日々草、ホウセンカが生えていた。

私はその花園の片隅に土を掘りウズラのお墓をつくった。そしてひなに土をかぶせた。いったんひなの死骸に土をかぶせた瞬間、「小鳥に土の臭いをかがせると生き還る」と聞いたことを思い出し、ウズラを掘り起こした。だがウズラは小石のように動かない。

折角島袋兄が忙しい草刈り中に捕えてくれたウズラのひなを亡くし、私は悲しかった。母は私が悲嘆にくれているのを見て、「島袋さんが草刈りや勉強に忙しいのにあんたが小鳥を欲しがって折角捕えてくださったのに死なせて可哀相じゃないか。小鳥は野山に生きるものよ。勝手に飼おうとするから死んじまったじゃないの」と叱られてガクンとなった。

「土の臭いをかがせば生き還る」との言葉が脳裏に焼きついた。一体その言葉はどこから来たのか？どういう意味なのか？後年成人してから考えた。

「全ての生きものは地から生まれ地に帰る」との聖書の言葉だけでなく、仏教の輪廻観にも相通ずるものがあり、宗教を問わず一般的な観念から出た言葉に思える。

科学的に見て死んだものが生き還るはずはない。だが物質の根基が土にあるとすれば、土に生命の再生力を希求し祈願する心根から出た言葉に違いない。肉親の死に遭遇するたびにその言葉を思い出し、何か真理があるように思えて来世が存在することを願って心の慰めにしている。

ヒバリの歌（一）

「ひばり」といえば戦後大ヒットした天才少女歌手の美空ひばりのことではなく天然の空中高く飛び回る小鳥のことである。

前にも記したように瀬底は芋や種々の穀物類や野菜類などほとんど自給自足であった。そのため学童も放課後農事や家事の手伝いが日課になっていた。

学童たちは私を自分の家に誘ってくれたり、各々の受け持ちの野良仕事へ連れて行ってくれた。そこで私は種々の穀物類を実際に畠で見、名称を覚えた。

女の児の仕事の一つに薪拾いがあった。木を切るのではなく林の枯れ枝や松の落葉をクマ手でかき集める仕事である。したがって瀬底の松の木の下はいつもきれいに掃き清められていた。集めた松葉は火付けに最良、重宝がられていた。島では自然のあらゆるものが暮らしの資材で、廃物というものがなかった。たとえばサトウキビの枯れ葉や圧搾機のしぼりカス、ソテツの枯れ葉などが燃料に使用されていたが、島には不文律があって草木伐採が禁じられていた。その法を破った者は「札」が渡され、不名誉なこととしていましめを受けたという。

島人は恒久的に自分たちの暮らしを維持するために、自生する草木を保護するエコシステムを考慮し実行していたようだ。

女の児が燃料収集に野山をかけ回る仕事の他に楽しみがあった。

ある日、上級生の上間米子さんが燃料収集の序でにマッコウ（ハリツルマサキ）の実狩りに誘ってくれた。

島の東側崎本部に面した石灰岩礁がきり立つ野山へ行った。マッコウは岩礁の間に自生し、ブルーベリーのミニチュアのような実で葉は矮小円型の灌木である。実は柔らかく青汁がほのかに甘く美味である。その実がなる頃、岩礁から岩礁へマッコウの実をさがしかけ回った。暑い昼さがり、喉の渇きをおぼえて、「お水が飲みたい」と訴えると、米子さんが「カラスの水飲み場を知っているからそこへ行こう」という。

とがった岩礁に足裏に痛みを感じつつも岩から岩へ飛び歩いた。するとこのあたりで一番高いカルスト岩の上に鉢のような窪みがある。そこが彼女が名付けた「カラスの水飲み場」であった。岩にかけ登りその窪みをのぞくと、すり鉢型の天水溜まりになっていた。きれいな澄んだ水である。近くの灌木の葉をちぎり、それを杓子型に折って水をすくいあげて喉の渇きをいやした。

眼下に広がる瀬底と浜崎海峡や白浜、健堅の山々を眺め「わが天下」気分に浸っていると、叢から昼さがりの眠気を誘うようなのどかな子守歌が聞こえて来た。キリギリスだ。しばらくキリギリスの声に耳を傾けていると、うだるように暑い畠野から敏速なヒバリが飛び立ち「チュン」「チュン」と高いオクターブで一定の旋律で歌い出した。

ヒバリは空高く紺碧の海原へ消えて行った。ヒバリの姿を追って夢心地になった。

四方海に囲まれた離島の暮らしに限界を感じた。一種の閉塞症が襲ったのだ。「ヒバリのように自由に飛べたらいいなあ」などと小鳥への羨望と海原の彼方の遠地への憧れで胸がしめつけられる。

空と海が溶け合う彼《か》の地はどこだろうか?

ヒバリの歌（二）

瀬底島でヒバリの声を聞いて以来、沖縄の他地域でも戦後二度とヒバリの声を耳にしなかった。戦争の爆音に驚いた小鳥たちはどこか遠地へ去ったのか、小鳥の姿が減少したかに思えたものだ。

瀬底のことを思い返す毎にヒバリを追って野畑を駆け回った遠い昔をなつかしく思う。

後年米国に移住し、米国の女性作家ウィラー・キャザーの小説「マイ・アントニア」や「おお、開拓者よ」、「ひばりの歌」の背景となった作家の故郷ネブラスカにヒバリが多いことを知り、そのネブラスカを訪れヒバリの声を聞いてみたいと思い、夫をうながし米中西部旅行をしたことがある。少々センチメンタル・ジャーニーであった。

米東南部に位置する首都ワシントン郊外、バージニア州ビエナから出発、何千マイルも続く中西部の際限のない地平線を追って自動車で四ヵ日がかりでネブラスカに到着。キャザーが少女時代を送った、米国の開拓時代の名残りをとどめた町レッドクラウドを散策した。町の中央に南北戦争（一八六一―六五年）やアメリカ・メキシコ戦争（一八四六―四八年）、第二次世界大戦（一九四一―四五年）の戦没者をまつる慰霊碑が建立され、いかにも愛国勇士を称える町の気風を表しているかにみえた。

キャザー家は当時の中産階級の家構えで、アメリカのカップボード造り、緑色のアスファルト・タイルの屋根、白壁、前庭には老樹ハロヒハコヤナギが生い茂り静かな佇い。町の繁華街にあまり目立たない質素な構えのキャザー女史研究所があり、キャザー収集資料が所狭しとばかり展示されていた。

彼女の小説の背景となったネブラスカの地形探策に、町はずれに出たら、青々としたトウモロコシや麦畑の柵に小鳥を見付けた。

小説に描かれたようにまぎれもなくヒバリが羽を休めていた。

瀬底島で見たヒバリよりやや大きめだが、ヒバリに間違いなし。見渡すかぎり連なる農園の柵に一定の間隔を置いてヒバリが止まり、のどかな美声をはりあげている。

瀬底のヒバリは人の気配に敏感だったが、ネブラスカのヒバリは悠長に柵の上で歌い続けている。「所変われば品変わる」の諺のようにヒバリも幾種類もあり、環境が変われば種属も変わっているが、鳴き声は似ていた。

遠い昔と遠い国、時空は変わってもオクターブの高い歌姫の声に過去と現在がこだまし合っているようなデュエット。ヒバリの翼に乗って大草原と大海原を心で旅した。

渡し舟タタナーの旅

本部町浜崎からおよそ六〇〇メートル離れた南西海上に横たわる瀬底島の唯一の交通機関といえば島人が「タタナー」と呼ぶ渡し舟一隻だけだった。タタナーは逆風の時は帆をたたみ櫂漕ぎで、順風には帆を操って疾走する帆掛け舟でサバニ舟の七、八倍くらいの大きさだったと記憶する。

その舟は客を乗せるだけでなく向かいの健堅の山から薪運びや、ウマバクヨー（馬商）が島から馬を買って馬を乗せることもあり、馬と同舟する折には、航海中あばれ出すのではないかとハラハラしたものだ。

本島向けに渡し場に馬を同伴した人が待機していると海峡渡りに不安を感じた。

四面海に囲まれた離島だが、瀬底には海人《ウミンチュ》はなく舟頭は祖先代々向かいの浜崎から契約雇用し、家屋敷も渡し場のすぐ近くにあてがわれていたという。

私たち家族が滞在中（一九四二―四四年）島人は本島に渡る時には舟頭さんの家の前に集まり、

渡し舟タタナーの旅

適当な人数に達すると舟を出す仕組みになっていた。父母が本部本校で教職員会議や他の用向きで本島に渡る際、私はよく母に追いて行ったがこの渡し場へ来て誰もがまず懸念することは当日の天候であった。

風もなく穏やかな朝の舟旅は島外へ出る解放感と少しばかり都会の空気に触れる期待感で胸がはずんだ。

渡し場に集まる島人は皆顔見知りでまず会話のはじまりは「クウピチュー、イイウワァシキエネー、ジョウトウエーシガヤー」（今日一日中、いいお天気だと上等ですがねえ）だった。行きはよいよい、帰りは怖い！

朝の舟出には海は穏やかでも、日中用事をすませいざ帰りのときには朝の好天が一変し、ひどいしけになり、渡し舟が運航しない事態に遭遇しかねない。

向かいの浜崎の舟着き場も風向きによって南はずれになったり北側になったりで発着場所は定まっていなかった。

本島で用事をすまし浜崎へ戻っても浜辺全貌を一望し、タタナーのありかを確認して後にその方向へ歩いて行くのが常であった。

ある日、朝の舟出時あれほど穏やかだった海が、夕刻帰島時には強風でうねりが高まっている。舟頭が運航を危ぶむようすに島人は海を無事に渡れるかどうか心配顔。当時旅館や宿泊施設などなかった片田舎の浜崎で天候の回復を待つのもさらに心配の種だった。そのため戻り客は舟頭に拝み込んで、大しけの中を皆覚悟したかのように舟を出してもらった。風雨を凌ぐ休憩所とてない浜崎で夜を明かすわけにもいかず、わが家へ帰りたい一心で、皆必死であった。

海峡の距離は僅か六〇〇メートル、浜を歩く人影が見えるほど目と鼻の先に思えたが、強風の日には本部海峡からの吹きさらしで潮流が激しく、タタナー舟は嵐の中の木の葉のように揺れた。ときには大波が舟内になだれ込む。その都度舟客は交代で水かきをしたり、舟頭の舵取りを手伝ったり、皆同舟の命を守り合うのに必死の共同作業であった。

私は舟底に小さな体をすくめ、波のしぶきが頭上にかかるたびに固唾を呑み込んだ。特におばさんたちが荒波の鬼歯が舟に襲いかかるたびに「ウォー、クレーイチデージヤサ」（これは一大事だ！）と恐怖の呻き声をあげる。ただでさえ恐怖に震えている私はその声にますます恐怖が増し背筋にジーンと電撃を受けたような身震いを感じた。舟は大波頭に乗ったり海底深く吸い込まれそうになったり波に嘲弄された。

好天の順風ならば僅か二〇分の舟旅だが、しけに遭うと眼前に島影はちらつくけれども永久に辿りつけない対岸に思えた。きびしい波濤をうまく乗り切って舟頭さんが「チチャビタンド！」と磯辺に錨石を投げ、浜辺で待機していた息子が錨の縄を曳き寄せはじめ、威勢のよいかけ声を聞いた瞬間、舟客は安堵の胸を下して「チチャンドウ！」「ヤーカイチチャンドウ！」と口々に歓声をあげた。命拾いをした安堵感と喜びに沸く舟客は、舟が浜辺に押しあげられるのも待たずに一斉に浅瀬の水中に飛び降りて家路へ急いだ。

島人は祖先代々、幾世紀もそうした離島苦を耐えしのんで来たのだ。そうした離島苦を解消する夢の架け橋が一九八八年に開通し、島の風光に目をつけた超高級リゾートホテルが開設される予定だという。

島の暮らしが大きく変わろうとしている。

芋弁当が当たり前

学校の世界地図に日本軍の太平洋諸島侵攻状況を示す矢印がガダルカナルで長期に亘り停止していた理由について後年米側の戦記を調べてみた。

それによると、一九四二年八月七日米海兵隊がその島に上陸を開始したが、同月八、九日米航空母艦がいったん撤退、海上戦で連合軍の巡洋艦四隻を失い、日本軍との激戦が続いた。その間両軍が陸海基地の確保に島の一部を取ったり取られたりのイタチごっこが続いたという。

遂に一九四二年十一月中旬、空海激戦のあと、翌年一月、日本軍の侵攻作戦が敗れる。この戦いが日本軍の敗戦への決定的な転機となり、南洋諸島からの日本軍後退がはじまり、サイパン玉砕へとつながった。

そうした戦局の悪化を受け、護国の民の決戦体制が強化され、鉄血勤皇隊の徴兵令や鉄金属・食糧物資の供出が余儀なくされた。

瀬底でも徴兵の赤札を受けた青年のために戦勝祈願をこめて「武運長久」鉢巻の千人針がさかんに行われた。一方、農産物増産奨励で黒糖や冬瓜南瓜など野菜類の供出が強いられ、本部や伊江島に駐屯する軍隊向けに搬送された。

水田のない瀬底は米がなく三食とも芋が主食であった。当時学校給食というものはなく皆持ち弁が当たり前になっていた。生徒の弁当といえば、ふかし芋に塩漬けのニンニクの葉、ラッキョウ、スクガラス、少しぜいたくなおかずにはいざりで採れた魚貝類や年末のウヮーグルシ（豚殺し）の塩漬け肉や油みそといったごく質素なものだった。

職員室の窓際に吊るされた鐘が正午を告げると、生徒たちは一斉に自席に戻り、持参した弁当を机の上に取り出し、「箸取らば天地御世の御恵み、君と親との御恩味え、いただきまーす！」と斉唱した後、お弁当開きになった。

食事時にも君（天皇）への感謝を強いられた皇民化教育の徹底ぶりであった。

当時、教員の家族には特配米が支給されていたがその特配米もシャム米でホロホロご飯、おいしくはなかったが三食白飯であった。島の人たちは三食とも芋が常食だったが旧盆、旧正月、その他農事の祭日に限り、粟飯（白米少々混入）やトウジン餅、焼き豆腐、タピオカ天ぷら、雑魚のから揚げ、塩漬けの三枚肉など山海の珍味を揃えて祭日を祝う習わしがあった。

一九六〇年頃、当時の池田総理大臣が「貧乏人は麦飯を喰え」と暴言を吐き、物議をかもしたことがあったが、後年、栄養学の食品分析が精密になり、健康食に対する認識が高まり池田首相が蔑視した麦飯や玄米、粟や芋のほうが精製された白米や白パンよりも天然ミネラル、ビタミン類、繊維質の含有量が多く、糖尿病や肝臓、腎臓病防止に栄養価が高いことが判明、健康長寿食として高く評価されるようになった。当時の島人は健康食を食べていたのだ。

芋食といえば、「貧乏人が食べるもの」との通念も科学が進歩すれば物の価値観も変わる。島には一人の医師もいなかったが、私たちが滞在中、急患の話はあまり聞かれなかったのも芋食の恩恵ではなかったかといまにして思う。

パナマ帽子編み

大正から昭和初期にかけて紳士用帽子にパナマ帽子が流行っていた。日射しの強い沖縄では女性は日傘かツバ広帽子、男性はパナマ帽子がかかせないおしゃれ用品であった。

島の若者たちは小学校を卒業すると、島外へ出稼ぎに行くか、あるいは女子は島に居残りパナマ帽編み（ボウシクマー）をして家計を助けていた。

パナマ帽編みは一般の民家を工場代わりにし、四、五人の女性が集まって朝から日暮れまで、ときには灯油ランプの下で仕事をする家内工業であった。

一九四四年初秋のある日、ある女の児に誘われボウシクマーの家へ遊びに行ったことがある。瀬底に来て学校よりも島のあちこちを見て回るのが楽しくて、放課後食器洗いがすむと、誘われれば誰にでも追いて行った。誘いを受けることは教員の子の特恵と思い、喜び勇んで誘いに応じたものだ。

その日の訪問はボーシクマー見学であった。その家は島に到着した当時、お世話になった三班の仲田家の南隣にあった。

フクギに囲まれた小さな茅葺きの家にひとり暮らしのおばさんが住んでいた。人家を訪問する時、まずその家の前庭の植物が私の関心事である。低い石垣の門を入ると、前庭にヤツデの葉のような赤紫色の大葉を広げた植物が目を引いた。はじめて見る植物に好奇心が沸き、その家の女主人に「これ、なんの木ですか」と指さすと、「これはヒマシといって、その種はヒマシ油をとるのよ。日本はいま戦争でいろんな機械を動かすのに油が要るのよ。ヒマシの木に実がなるとその種を国に供出するために植えているのよ」と説明してくれた。その木は南洋から誰かが種を持ち帰ったという。そういえば瀬底には他にも南洋原産のタピオカが借家の裏畑に植えられていた。

「へえ、こんな木の実から油が採れるの」と、全く驚きであった。ヒマシの葉は初秋の強い日差しを受けて葉や茎は燃えるような深紅であった。おばさんが説明してくれたように大葉の陰にはイガグリのような実が成熟しつつある。イガの中の種子を集めて油をしぼりとるという。

日米英開戦の理由

日本は日清戦争（一八九四年）開戦わずか一年足らずで勝利を収めその賠償金として三億六四五一万（当時の国家総予算の四倍以上）という大金をせしめた。それにやみつきになったのか、その後朝鮮半島や満州事変（一九三一年）を起こし、北東アジア制覇に成功し、軍国主義国家への一途を辿る。当時西欧側の植民地であったインドやインドシナ（ベトナム）、インドネシア、ビルマ、シンガポールなどを「植民地解放」と銘打って大東亜共栄圏を打ち立てる構想と、中国をめぐり日米英の国益が対立、米国は日本への経済制裁を模索考慮中、日本は外交上窮地に立たされていた。その危機にあって日本は一九四一年十二月八日、パールハーバー奇襲に踏み切ったという。

当時の米大統領フランクリン・ルーズベルトは日本の攻撃を事前に知っていながら国民には知らせず、事後の国民団結を図ったとの説もあるが、外交上の複雑な問題がからみ合って勃発した戦争であった。要約すれば国と国との国益の対立である。

日本の奇襲を理由にルーズベルトは直ちに宣戦布告、両国の国民は戦争にかり出され、多大な犠牲を払わされる結果になる。

戦時下、日本はあらゆる物資不足で、農家にも植物性油生産を強制していたようだ。小さな島の生活の隅々まで軍国協賛の風潮が浸透していた時代であった。

私は小さな茅ぶき家の中を軒下からのぞいた。若い女性四、五人が黙々とロウ塗り糸を木型にはめて帽子編みをしていた。突然のちん入者に女たちは興味ありげにしばし手を休め、私のことをあれこれたずね、四方山話《よもやまばなし》に花が咲き、私に一糸二糸ほど親切に編み方を教えてくれた。なかには自分のノルマを満たすために忙しく働き続けるベテランもおり、新米らしい若い女性は島のゴシップを語りつつ明るい笑い声が溢れ、小さな帽子工場は和気あいあいで作業を楽しんでいるように見えた。

後年知ったが、女たちが一糸一糸慎重に編み上げたパナマ帽は本部町渡久地の契約問屋に持ち込まれ、そこで各帽ごとに価格が決まり、問屋から受け取る料金で素材の糸の仕入れや労賃を支払っていたという。

戦前、沖縄だけでなく、他府県でも夏の暑さを凌ぐ紳士用のパナマ帽には島の女たちの労働と心が編まれていたのである。貧しい帽子編みの家の庭先に赤紫に燃えていたヒマシの葉と帽子編みの女性たちの姿が記憶に残る。

滅び行く養蚕業

私のクラスに上間久子さんという、島で目立つ聡明な子がいた。彼女の誘いで彼女の家へ遊びに行ったことがある。その家は学校の裏側のちょっとした小高い丘の上にあった。普段学校で快活だった彼女は両親の下で円満な家庭に育つ生徒だと思っていた。ところが彼女の家を訪ねてみると、祖母と弟の三人暮らしで両親不在と知った。

島では大抵の家庭が両親は島外へ出稼ぎに行き祖父母が孫の面倒を見ていた。久子もそんな一人であった。茅ぶき家の裏林に桑の木が茂っていた。屋内をみると上座（居間）に幾台ものカイコ棚が列をなし置かれ、この家の王座を占めていた。

沖縄で大正から昭和にかけて養蚕業が農家の副業としてさかんだったように瀬底でも一時養蚕業が暮らしを支えた時代があったという。だが日清戦争前後から紡績工業がさかんになり機械化が進むにつれて日本の衣服生活にも変革が起き、洋服が平服になると、着物は一種のぜいたく品に変化しつつあった。絹や芭蕉布の需要が減退するとともに養蚕業も衰退の一途にあった。そうした時流の中、久子さんのおばあは昔ながらのはた織りを続け細々と家計を支えていたのである。

カイコ棚に続く縁側にはた織り機がおかれ、おばあは一心にはたを織っていた。そのそばには幾つも糸籠が並べられ絹糸巻きがつまっていた。

おばあはカイコの飼育に必要な桑の木の栽培から桑の葉摘み、一定時間にカイコのエサやり、ふんの清掃（養蚕で最も大切な衛生管理）など飼育の全過程を単独でやっていた。

カイコがまゆに変容すると、まゆを集めて熱湯にふかしつつ糸軸にとり、その糸を選別して藍染めにしたり、織物の図案、横糸、縦糸をおり機に設置するなど複雑な過程をへて、一反の着尺を仕上げるのに二、三年はかかるとのことだった。忍耐と技術を要する養蚕業に携わっていたおばあは島で数少ない織物工であった。

滅び行く織物業を支えていたおばあの姿が目に浮かぶ。

シークムンジュル笠

瀬底でパナマ帽編みが女性の手仕事ならムンジュル笠作りは男性の副業であった。

強い日射しの中、畠仕事をしなければならない農夫にとって、麦藁を利用した日よけの笠作りは廃物利用兼利徳のある手間仕事、一石三鳥である。それが島の伝統工芸として島外でも需要があり、琉球舞踊や演芸にも重宝がられている。

私たちが住んでいた上間家の隣に仲程おじいとおばあが住んでいた。仲程家の年長の息子たちは出稼ぎに行き、末息子と孫息子、娘五人暮らし。島ではどこでも見られる家族構成であった。おじいはむっつり型だったが手先が器用で、屋敷内のチンブク竹でバーキやソーキ（竹ザル）、さらにムンジュル笠作りの専門で、いつも手仕事を続けていた。

おばあは温厚型で、若い息子と孫の世話、薪拾い、農事や家事にいつもせわしく動き回っていた。貧しい暮らしながらふかし芋や珍しい山海の恵みがあると、私たちにも分け与える肝心《チムグクル》のあるやさしい人柄であった。親せきから遠く離れて住む私たちにとって、おばあは肉親の祖母のように思え、学校がひけて空巣のわが家へ戻るよりも隣家に立ち寄ることが多かった。おばあはいつもニコニコと笑顔で迎えてくれた。

父母が夏季講習のため那覇へ一ヵ月間の留守中、瀬底に残された妯子や弟・進、守の世話をしてくれたり肉親代わりに親切にしてもらった忘れ難いおばあである。

本部海峡を渡る北風が吹き過ぎると、島にもメジロがやって来る。

春先にフクギの木の間に「チ、チ、チ」と軽やかに飛び回る小鳥の季節になると、おじいの手先の器用さを受け継いだ隣家の若者たちがチンブク竹で鳥籠をつくり、クチナシの実で染色した粘り芋をおとりの餌にして小鳥を竹籠にかけて喜んでいた。メジロを籠の中で飼育し、メジロのノド自慢大会を催して島の単調な暮らしに少年たちは独自の娯楽をつくっていた。

沖縄の七十代、八十代の人たちにとってはなつかしい少年の日の思い出である。

台風と姉・廸子—俳人に成長

一九四三年夏休みのこと。瀬底校勤務の父母が那覇で夏季教員講習のため一ヵ月間家を留守にすることになった。一家七人の一ヵ月の旅行には経費が重すぎ、さらに二人の弟はまだ幼少（六歳と四歳）だったため、講習に同伴するのに母の足手まといになる。そこで当時廸子は小学校四年生（十歳）だったが普段母親代わりによく弟妹の面倒を見る率先力が買われて、彼女に弟二人の子守りと留守番役をまかせることになった。その時兄と私は父母に同行を許された。

その夏、沖縄に台風が猛威をふるった。私たちが冨名腰先生の那覇の親せきの旅館に滞在中のことだった。暗雲がたれ込め、那覇の市街は台風対策をやっていたようだが、子供の私はその深刻さは知らず床に入った。

すると夜半すぎ私たちが宿泊していた二階の部屋が地震のようにガタガタ音をたてて揺れ出した。雨戸の隙間からビューービューーと風が吹き込み、仕切りの障子戸がガタガタきしむ音、外には何やら屋根の上を吹き飛ぶ音や、街路にトタンや雨戸、塀などがゴロゴロと吹き流されるすさまじい音に、この旅館もまるごと吹き飛んでしまうのではないかと思うほど恐ろしい風速であった。吹き荒れる台風で眠れない一夜をすごした。

母はこの猛烈な台風襲来に瀬底に残した廸子、進や守の安否を気遣い居ても立ってもおれない様子で部屋の中を行ったり来たり落ち着かないようす。台風は夜明けとともに去っていった。ガタガタ揺れた旅館も崩壊せずにすみ、ほっとした。

一方瀬底に残された三人の姉弟は台風襲来の夜頼るべき両親不在の中、恐怖におののき泣きあかしたという。屋根瓦にビュービュー吹きすさむ強風と大雨の音、雨戸をたたきつける音、屋敷囲いのフクギが荒れ狂う音、石垣裏のサトウキビ畑が身を切られるような葉ずれの音が混合して不気味な怪物の吠え声に聞こえ、真暗闇の部屋の中で三人抱き合って泣きわめくばかり——。泣けば泣くほど怖さがましてやり場を失い、夜明けまで泣きあかした。

翌朝隣家の仲程のおばあが心配して姉弟のようすを見に来、慰めてくれたという。

瀬底島でも一夜猛烈に吹き荒れた台風はサトウキビ畑を横倒しにしただけで、家屋には損害はなかったが、一夜の嵐は廸子にとって一生忘れ難いトラウマとなった。

後年その台風の日の話が出ると、父母が兄と私だけを那覇へ連れて行ったことが必ず語り草になる。母が兄弟間に「差別待遇」とか「偏愛」があったとして愚痴のやり玉にあげられ、そのたびに私は返す言葉がなく、胸に針が刺される思いがする。特に廸子に与えた精神的なショックは根深く心のしこりとなった。

今日の児童福祉保護法によると、この一件は年少者を危険にさらしたとして児童虐待の罪に問われたかもしれない。

浦 廸子、1990 年度琉球新報俳壇賞贈呈式にて

廸子は僅か十歳にして一ヵ月間弟たちの世話をし、猛烈な台風の恐怖を経験した結果、弟妹を守る強靱な精神力と繊細な感受性を培い、共働き家庭の母親代わり、長姉の役割を果たしてきた。そのため、後年も、老齢の父母の世話、さらに近年長期介護中の兄・修の医療手続きなど、夫照屋孝夫の協力を得て世話を続けている。

「人生は重荷を背負ひて山道を行くが如し」。誰かのことばを地で行く。

廸子は年少の頃から大勢の兄弟の中できびしい生活体験をし、物事を深刻に受けとめる鋭敏な感性をもち、事象事態を内面的に消化、文字で表現する才能と技法によって沖縄の文学界に貢献している。

一九八四年琉球新報「落ち穂」欄に連載エッセイを出稿した一方、琉球俳壇に熱心に投稿を続け、その創作意欲と創造性が認められ、一九九〇年度琉球新報文学俳壇賞を受賞した。

選考員の山城青尚氏によると、浦廸子の作品は「かげりを持たない沖縄の目で事物を観察する純真な作風」との評を受けているが、実際の日常生活においては、物事をあまりに深刻にとりすぎて、ひとりで懊悩する性癖がある。それも吟句への一種の濾過作用かと思う。

廸子の新報入選俳句や現代句秀品の中から、いくつかをあげる。

王陵の空のまほろばあきつ舞う
夏銀河祝女の祈りの息づかひ

ありし日の母は大祝女花の主
睡蓮や五百年経し家譜ひらく
野良着干す無縫の空サシバ舞ふ

廸子は一九九〇年来、本土中央俳誌「秋」に所属し、現代句秀品抄録に選ばれたり、その他多くの賞を受ける。また、地元俳誌「ＷＡ」の会員として創作活動を続けている。

もし悔いを形にすれば鉄砲百合　（二〇〇四年　第一回沖縄忌俳句大会大賞）

モズク狩りと命拾い

島人は季節の旬の農作物や海の恵みを互いに交換し合ったり、島外からの赴任教師に分け与える「善行家風」の風習があった。わが家も絶えず島人の恩恵に浴したものだ。

ある日、一学年上級の女生徒が珍しい海藻を持って来た。

その海藻は黒褐色のヌルヌルしたソーメンに似ていた。はじめて見る珍品に好奇心が沸き、彼

女にその名を訊ねると、

「これはスヌイといって、いま海にいっぱい生えているわよ」との返事。

「このスヌイが生えているところが見たい」といえば、「それでは明日そこへ連れて行ってあげる」と直ちに意見投合、翌日放課後一緒に、スヌイ（モズク）が生えている海へ行くことになった。

彼女は島人にしては背が高く色白であった。年上の新しい友人ができそうで私は胸ワクワクしながら彼女に追いて行った。

四月といえば暦の上では春のたけなわ、快適なシーズンだが、島はもう真夏を思わせる暑い日であった。彼女と一緒に島の主要道路の坂道を下り、案内された海岸は島の渡し場があるアンチ浜の西側であった。アンチ浜は浜崎と向かい合った砂浜で現在は瀬底ビーチと呼ばれている。その北西側はきり立った岩礁壁がありその下はサンゴ礁が広がり、水族館のように色とりどりの熱帯魚が優雅な舞いをくり広げる景観な場所である。

その頃水着などはなく通学服も遊び着も同じ服を着ていた時代で、その時も通学服のまま海中に入った。彼女は腰丈ほどの水中に私を誘い、「ほら、ここがスヌイが生えているところよ」と指さしたが、海中に昨日見たソーメンらしき海藻は見当たらなかった。

「スヌイはどれなの？」と問い返すと、彼女は背をかがめて水中から黒いものをすくいあげて「ほら、あんたの足元に生えているじゃないか」。

いわれてよく見ると、海底に女の長い黒髪のようなものがゆらゆらと潮の流れに揺れている。

瀬底・アンチ浜風景

ぞっとするような不気味な光景であった。彼女がそれをすくい上げてはじめて昨日のものと同じ形態であることが分かった。

スヌイが澄んだ海水に自然繁殖しているのを目撃し、水揚げされた海藻と海中にある藻の違いが分かると、好奇心が満たされ、もうそれ切りで関心が他に移った。

瀬底は四方海に囲まれているにも拘らず、あるいは海が間近にあるせいか、不思議にも専業の海人がいなかったが、必要に応じてイザリをする人のサバニが一隻、浅瀬に長い縄で係留されていた。

私は海の近くで生まれ育っていたにも拘らず、八歳にしてまだ泳ぎを知らなかった。穏やかな波打ち際に浮かぶサバニは格好の水遊びになると思い、サバニのヘリを両手で把み、体を水に浮べるように両足をパタパタと蹴って泳ぎのまねごとに夢中になった。その間知らぬまに自分の両足が原動力となって舟は浅瀬から深みへ移動している。それを気づかず舟はまだ浅瀬にあるものとばかり思った。疲れを覚え、そろそろ浜辺へ引きあげようと考え、舟枠から両手をはずした瞬間、両足が海底に届かない！ 深みに押し流されたことに気づいたがもう遅い！ パニック状態に陥った。水中で両手足をパタつかせもがくばかり。ますます深みへ吸い込まれる。瀬底と浜崎の海峡はすり鉢状の海域である。私がぶらさがっていたサバニは北西側からすり鉢状の東南側へ押し流されていたのだ。私がもがいている中に海水を吸い込み、喉がつまって呼吸困難、もうこれでおしまいだと思った。

死と直面している瞬間には死について考える暇はない。ただ恐怖感で全身が麻痺するだけだ。次第に体が深みへ深みへと吸い込まれて行くのを感じた。

そこへ私を誘ってくれた上級生が私の危機に気づき、スヌイが生えていた北西側から泳いで来て海底へ沈みつつある私の頭髪をつかみ、体を押しあげて浅瀬へ引きずってくれた。まさに危機一髪！ 命をとりとめてくれた。私はその時意識は確かであったので吸い込んだ海水をはき出し、ふるえをおさえて、しばらくして平静をとり戻したが、その時、私を救出してくれた彼女の姿はもうそこになかった。

ずぶ濡れの通学服のまま、私はひとりでアンチ浜から坂道をのぼり家路に向かった。

溺死寸前のこの出来事は家族の誰にも告げず秘密にした。その一事があって以降、その上級生と学校で顔を合わすことはなく、名前さえ知らぬまま六十余年が経過した。瀬底の思い出の中の「謎の人」である。

伊江島の皇軍表敬慰問

一九四四年、十・十大空襲直前の夏休みのことだった。

学校で見た世界地図でガダルカナル島から日本友軍の後退が続き、日に日に戦雲が沖縄へ近づきつつあった。そうした状況下、瀬底の教職員会議で瀬底校から最近徴兵された城間亀助先生が守備軍として伊江島に派遣されたことを受けて、伊江島の兵隊さんを激励しようとの提案がなされ、女教員だけの代表で伊江島へ慰問に行くことになった。

若くて美人揃いの独身教員、宜保静、内間愛子、親川文、田里光子先生方と宜保先生の妹圭子さん（六年生）と私（三年）六名が伊江島行きを決行。当時母は乳児翠をかかえていたため不参加となり、その代わり母の得意のカリントウやサーターアンダギーを準備、他に島産の黒糖を手土産にした。

真夏のうだるように暑い日であった。

瀬底からタタナー舟で二〇分、浜崎から渡久地港まで一キロの道を日傘をさして汗をふきふき徒歩で四〇分、渡久地港から伊江島へポンポン船で約二時間波に揺られた。

伊江島は幼い頃、備瀬に滞在していた頃から朝夕見慣れた島だったが、まだ足を踏み入れたことのない未知の島であった。

瀬底の漕ぎ舟と比べ、大きくがっちりした汽船だったので本部海峡の黒潮の流れにも安心感があった。若い女の先生方とはじめての汽船旅行に、まるで遠足にでも行くような浮き浮きした気分であった。時々荒波が船体に打ちつけて大揺れになっても怖くはなかった。

いよいよいつも見慣れたイータッチュが眼前に迫り神秘の島へ到着の汽笛がなると、上陸の期待と緊張感が走った。

桟橋へ錨の縄が投げられ、乗客の下船がはじまった。私たち一行は皆はじめての地に興奮しつつ、熱暑の桟橋に降り立った。すると、その瞬間異様な悪臭が鼻をつく。その臭気たるや嘔気を催すほど強烈であった。何の悪臭かとあたりを見回すと桟橋のあちこちに南瓜、冬瓜、ジャガイモ、玉ネギ、芋、その他の農産物が山積されている。そして蠅がブンブンたかっているではないか！よく見ると農産物が炎天下で腐蝕しているのだ。

一九四一年十二月の太平洋戦開始の翌年、食糧管理法令が布かれ、米は配給制になり、戦局が悪化するにつれて沖縄の農家は穀物だけでなく、野菜類の供出が課されていた。そのため近隣農村から軍向けの供出野菜類が伊江島に駐屯する軍隊に搬送されたものの、その保存倉庫のスペースに困ったのか、桟橋のあちこちに放置されたままになっていた。

農家の人たちが炎天下で汗を流し一生懸命に育てあげた農作物を「お国のために」と飢えを忍んで供出したであろうが、炎天下に腐蝕させている状態に、子供心にも「もったいない」と思った。

学校や家庭でもお弁当箱や茶碗にご飯粒を一粒たりとも残してはいけないと、きびしく物の節約を教えられていたが、軍隊では供出物資をずさんに取り扱っていることを目撃し、なにか腑におちない気持ちがした。

伊江島の人たちも軍隊に環境衛生上の苦情を言いたくても物言いが出来ず、言えば特高か憲兵に連行されることを恐れて耐え忍ぶしかなかったのだ。「言論の自由」など全くなかった軍国主義時代、島人も桟橋に放置された供出物資の無駄や悪臭に苦情もいえず、苦渋を忍んでいたのだと思う。

桟橋での悪い第一印象を胸に秘めて、私たち一行の到着を前もって連絡がついていたらしく、軍部から送迎車が迎えに来た。

太陽の直射熱がはねかえる桟橋を後に、全く樹木のない殺伐とした赤土の坂道を車は走る。その間民家を見た記憶が全くない。イータッチュの麓あたりに到着した。そこにはバラック建ての兵舎が建ち並び、そして南西側に広々とした平坦が広がっていたように記憶するがそこが飛行場になっていたのか定かでない。軍隊本部は恒久的な建物ではなく、暫定的なバラックであった。

私たち一行を迎えた隊長は長い剣刀をわきにぶらさげ、いかにも将校のいかめしい出立ちであった。室内には大きな机が中央にデッカと据えられている以外、他に印象に残る飾り物はなく極めて質素な事務所だった。

わざわざ遠い離島から慰問をうけて、隊長はいかめしい出立ちとは変わり、にこやかに応待されたが、どこか陰りのある表情が感じられた。先生方は一言、二言あいさつを交わされ、持参した手土産を進呈した。

先生方は戦況などの話題をさけ、あたりさわりのない儀礼的な会話を十分ほど交わし、隊長は満足げに見えた。隊長の柔和な表情、それでいて落ち着いて堂々とした物腰に、私は「兵隊さんはえらい。日本は必ず勝つ」と信じ、表敬訪問をしたことを光栄に思い、誇りを感じて島をあとにした。

その伊江島訪問から二ヵ月足らずして、あの忌わしい十・十空襲が沖縄の美しい青空と民心を黒煙で覆うことになった。

忌わしい十・十大空襲――瀬底校空爆をうける

中秋の晴ればれとした朝、いつものようにわが家は登校準備に大わらわであった。家の南側に井戸のように設置された天水タンクの洗い場で洗顔をすまし、まばゆい朝日に一日のはじまりの爽快さを感じつつ、弟たちと井戸端でじゃれていた。すると突然東南の空から飛行機の大編隊が蜂の唸りのようにあたりを轟かせてやって来た。
二、三週間前、宇土部隊の兵士二、三十人が瀬底校の校舎の一部明け渡しを命じ占拠していたが、一週間たらずで本部の健堅陣営へ引きあげたばかりのことだった。
空を覆いかくすばかりの大編隊は瀬底島の空を通過し伊江島へ向かっているかに見え、てっきり友軍の決戦の大演習をしているとばかり思い、編隊の勇壮さに、私たち兄弟は石垣の上に登り、「ヤァ!」「ヤァ! すごいぞ!」と歓声をあげつつ大手を振って激励した。

そこへ第二群の飛行機が不気味な爆音をたてつつ低空して来た。わが家と学校は僅か三〇〇メートルの距離であった。低空して来た飛行機は校舎をめざして「ピュー」と風を切る音がしたかと思うと「ドカン！」と地を揺るがす凄まじい爆発音。それを聞いた父は、「これは友軍じゃないぞ！　敵機来襲だ！」と叫び、石垣の上で高見の見物気分で編隊を観覧していた私たちには目もくれず、着替えもそこそこに、「御真影が一大事だ！」と家を飛び出し学校へ向かった。爆弾投下の響きに敵機来襲と分かった母は石垣の上でうろうろと恐怖で戸惑っている私たちに向かって、「早く下りて来なさい！　防空壕へ入りなさい！」。

母もうろたえながら私たちに命じた。凄まじい爆弾の破裂音がしたかと思うと学校のあたりに黒煙が噴きのぼるのが見えた。

南洋諸島が次々に米英連合軍の手に落ち、戦雲が沖縄にも迫り、防空壕掘りが強化されてわが家でもフクギに囲まれた屋敷裏の片隅に防空壕が掘られてあったので、母は私たちに早く壕へ入るよう命じた。

ところが廸子は爆弾で燃え上がる学校へ駆けつける父に向かって

「お父さん、危ない！　危ない！　行っちゃ駄目！」と涙ながらに父に叫びながら後を追おうとした。母が彼女を引き止め、やっと弟・進、守、乳児の翠、私、六人を一緒に壕へ入れた。（当時兄は第三中学校に入学し名護に下宿していた）

空襲があることを予測して瀬底校ではすでに火災を恐れてコンクリート建ての奉安殿に御真影

は安置されていたため、今回の空襲は免れたことを父は確かめたが、燃えあがる校舎に施すすべなく無念をかかえて無事帰宅した。

私たち一家は壕の中で度重なる飛行機の爆音に震えつつ、空襲が去るのを待った。

その間、健堅駐屯の宇土部隊の高射砲台から断続的に花火を打ち上げるような音が聞こえて来たが、敵機の凄まじい爆撃音に比べ、「ポン！」「ポン！」と敵機めざす高射砲の音はなにかむなしい空砲のようだった。敵機を撃墜したようすは感じられなかった。

沖縄空襲一週間前、日本軍はすでに米軍による襲撃を予測していたらしく、瀬底と浜崎の海峡には輸送船二、三隻、修理中の潜水艦「迅鯨」が避難停泊していた。そうした船舶の動きは民間人には極秘にされていたため、てっきり修理かなにかで停泊しているものと思われた。

敵機はその停泊船めがけて数回にわたって空中旋回し、爆撃を加えている。猛烈な音が壕の中に響き、そのたびに防空ズキンを被って耳をふさいだ。

日中、敵機の爆音が潮騒のように寄せては返し、反復を繰り返していた。夕刻やっと潮が引いたように爆音が止み、島の被害状況はどうなのかと案じたが、朝瀬底校の校舎が爆撃を受け、路上で一人の死亡者以外、民家や人命に被害はなかったとのこと、幸いであった。

それにしても敵軍がこうも身近に迫っていることに驚き、戦争の恐ろしさをひしひしと感じた初日であった。

父が命を賭して懸念した御真影は、爆撃を受けた校舎から離れた運動場西端の奉安殿にあったため、当日は難を免れた。

日暮れ近く敵機の爆音が静まり夕闇が迫ると、父母は明日のことが心配になった。明日もまた同じく空襲があるのでは？　父母は五人の子供を抱え、避難ができる山林のない小島で明日への不安と危惧が募ったらしく、夜闇のうちに母の実家のある名護城へ避難することに決めた。

家族は各々自分が一番大切だと思う品々を選びリュックサックにつめて、アンチ浜の渡し舟場に向かった。日頃本島へ渡る時の浮き立つ気分は全く消え沈鬱で不安な旅立ちであった。アンチ浜への坂道にさしかかると瀬底海峡に巨大な火柱が見えた。

瀬底校舎に二、三弾投下された以外、他に島への爆撃はなかったようだが、しきりに瀬底の空を旋回し、低空飛行している飛行機の音と凄まじい爆撃の音が私たちの壕内に響いていたのは、停泊中の軍艦、輸送船をめがけたものだった。

アンチ浜へ来てはじめて海峡に船舶が避難していたことを知った。生まれてはじめて見るインフェルノ。巨大船艦が猛烈な火を噴き海上一面に赤い火の帯が広がっていた。戦争とはこうも恐ろしいものなのか？「戦争」の破壊力にただ身震いするばかり――。

夕闇に空高く噴き上げる火柱と海面に飛び散る火の子、船艦が焼けこげる鋼鉄や重油の悪臭があたり一面漂い、まるでこの世の地獄絵を見る思いがした。

この凄まじい光景に身震いしつつ、父母は舟頭に浜崎まで特別に舟を出してくれるように拝み頼んだ。渋る舟頭も子供五人を抱え安全地を求める親心に同情して、舟を出してくれることになった。私たち一家が舟に乗り込んだところへいつの間にか飼い犬の「仲《なか》」が現れ、舟に乗り込もうとした。

これから家族七人の徒歩の長旅や明日の分からない危機に直面して仲を同伴することに負担がますことを考え、「ワン、ワン」鳴き出す仲に身がひきさかれる思いがしたが、島に残すことにした。

飼い犬「仲」との別れ

瀬底島には農協売店と上間たばこ雑貨店があるのみで衣料品店がなかった。島人は買えない必需品は渡久地か他の都市で購入していた。

母は名護の実家訪問を兼ねて家族の衣類その他の必需品の買い出しに、時々名護へ出かけた。母が名護へ出かける日は私にとってなによりの楽しみだった。小さな離島の単調な生活を抜け出し、少しばかり都会的な雰囲気を感じさせる名護の商店街や親せきに会う機会は最高の楽しみであった。

名護行きの日、母に同行する人選で兄弟間にもめることが常であった。弟たちはまだ幼く旅の足手まといになるとし、また廸子は長姉として留守宅の弟たちの世話ができるとあって、その中

間の私が母に同行することが多かった。（そのことは今もって兄弟間で不公平な扱いだったと話のタネになる）

瀬底から名護への旅はタタナー舟で海を渡り、浜崎で木影のないほこりだらけの道路わきで暑い日差しの中で何時来るかも分からないバスを待つ。やっと「プッ、プッ」と奇妙な音をたてて木炭バスが到着。乗り遅れまいと大急ぎバスにかけ登り、座席を見つけてほっと一息し、これから向かう目的地について冥想に耽ける。

車窓から今朝渡ったばかりの瀬底島やギラギラ輝く海面、崎本部の浜辺に干された漁網の臭いや家並み、そして村はずれの崖壁に砂ぼこりに埋もったガンヤー（龕納庫）が見えた。

村落のあるところ、村はずれにはきまってガンヤーがあった。人間の生と死の象徴的な存在であった。

崎本部岬を迂回し安和へ向うジョウガビラ峠を背景に琉球岩石を切砕し開通された郡道の下に小湾があった。この小湾はきり立った絶壁下に海の底まで透きとおり、黄や黒、青彩色の熱帯魚が泳いでいる様子が車窓から見える絶景であった。私はその景色が好きでバスに乗る際、いつもその海底がのぞける座席を選んだものだ。

安和の小湾には他にもアダンジャと呼ぶ岩礁が点々と浮かび、日本画に見るような風光明美な場所がある。この小湾に近づく毎に海底の熱帯魚の舞いを見損なうまいと車窓から身を乗り出したものだが、戦後、沖縄の復興資源開発のセメント砕石場が出来、私の天然水族館は惜しくも消えてしまった。

オンボロバスでいよいよ名護「新垣バス・ターミナル」に到着、バス終点駅は当時ガソリン不足で木炭が使用されていたため、スミで黒く汚れていた。

バスが到着すると、そこに木炭補給をする男がいた。その男は炭鉱夫のように頭から爪先まで真っ黒に汚れ、目だけがキョロキョロと異様に光っていた。その木炭夫は少々奇妙な行動が見える男だった。彼の風采や行動を物珍しく見つめる私を意識してニヤリと汚れた歯をのぞかせ、威嚇するように追いかけようとした。私はびっくりして母に駆け寄りその場を免れたが、以来、名護のターミナルは私にとって怖い場所であった。

ターミナルの向かい側に長濱百貨店があり衣類や玩具などなんでもござれの北部では唯一のデパートであった。

私が名護へ行きたい願望はその店にあった。

夏休みに那覇の山形屋のショーケースで見かけたのと同じ日本人形を見かけ、母の買い物のついでにその人形を買ってもらいたくてねだり続けたが、その値段が六円五十銭（その値段は脳裡にこびりついている）当時の金の価値からすれば高価なものだった。父母の月給合わせて百四十円の家計で与那原の祖父母と姉・住子の生活費も送金していたため、全く話にならなかった。

オカッパにオタイコ姿の人形への思いは少女期を通じて抱き続け、自分の手で人形作りに夢中になった時期もあった。

話が脱線したが、母の実家名護城の沿道に肥沃な名護ターブックヮ（現在の東江中学校敷地を含めて元消防署までの大東区一帯）と幸地川の川沿いに仲吉精米所があった。そこの女主人は母と同級生だったとのことで名護城へ登る前か帰りに立ち寄ることがあった。その仲吉さんは飼い犬の少なかった名護で番犬を飼っていた。幸い、子犬が生まれた時期にめぐり会い、一匹もらいうけ瀬底へ連れ帰った。以前ウズラのひなを飼いそこねて動物のペットは母に禁じられていたものの、子犬をもらって有頂天になった。

瀬底へ連れ帰った夜、子犬は母親から離別されて親恋しさに「キャン、キャン」と鳴き止まず、家族の睡眠の邪魔になった。私はもらって来た責任上、子犬を宥めるために縁側で一緒に寝た。四、五日経つと子犬はわが家に馴れて夜中鳴かなくなった。

子犬はふんわりと柔らかい茶褐色の毛色で愛らしかった。子犬の名選びに兄弟間でいろいろと名前を出し合ったが、犬の出所の仲吉さんの「仲」に私たち兄弟の仲間の意味を含め「仲《なか》」と名付けた。

仲は成長するにつれて頭部から背中にかけて黒色、腹部は茶色に変色し、大きなシェパード雑種の大犬になった。勇壮な犬に成長した仲に、小さな体躯の私は威圧を感ずるようになり敬遠したが、幸い弟たちの活発な遊び相手になった。それに日中、一家総出で空巣になる家のよい番犬になった。

瀬底へ赴任して以来、島ではとりたてて犯罪などなく極めて平穏な日々であった。当時盗人やちん入者の心配がなく、鍵や錠のない解放的な家構えであった。

ところがある日、母は異変に気づいた。母は生徒の家庭から届けられたニンニクやラッキョウ、スクガラス（アイゴの稚魚）などが積もると塩漬けや砂糖漬けにして素壷に入れて保存し、いくつか押し入れの中に並べていた。

それが日中誰もいない時に何者かが侵入し、朝食の残飯や押し入れの漬け物が減少していることに母が気づいたのだ。

備瀬時代に私が隣近所の子供たちを呼び集め砂糖漬けのニンニクを食べさせ、壷を空にしたことがあったので、当初母は兄弟を詰問したが誰もひとり喰いをしたおぼえはないと抗議した。では一体誰のしわざか？ 皆首をかしげた。

その一件はわが家のミステリーになった。

瀬底島の怪人

犯罪のない善行の島、瀬底に警察官は一人もいなかった。私たち家族が滞在中、一度もこれといった犯罪がなく、どの家も錠鍵なしで、昼夜ほとんど開け放しであった。

それほど島人はお互に信頼し合い、平穏な暮らしに見えた。だが島にはいわず語らずの奇怪な人物が存在していることを知った。

島で「アカミーグラ」と称する、今日でいえばホームレスの男がいるという。その男は島に親がいるようだったが、家出して島の東南側の海岸の岩窟に住んでいるという。

東南側海岸はサンゴ・リーフが広がり、潮干狩りやイザリによい地帯であった。アカミーグラは日中海辺で魚貝類をあさり飢えをしのいでいたようだが、空腹になると集落にやって来て野良仕事で出払った空巣からふかし芋（農家では大釜に一日分の芋炊きをするのが習慣）や他の食物を盗食し生きのびていた。

ある日、学校から帰宅すると、裏の台所の戸口から足早に石垣の塀を飛び越えてキビ畑の中へ逃走する後ろ姿を目撃した。それが島でいう「アカミーグラ」と分かった。

頭髪は長くボサボサ、糊付けしたようにあかで汚れたボロボロの長いコートを着て裸足でまるで忍者のように姿をくらました。

そのことを帰宅した母に告げると、家の食物や漬け物壷の物が減り続けている原因がアカミーグラの仕業であることを確認した。彼は日中わが家が空き巣であることを見抜きしばしば侵入していたようである。

私たちの借家の近くにこんもりした杜があった。そこは「ティーティンク」（土帝君）という神社があり、アカミーグラは時々その神社に寝起きして、付近の人家の空き巣ねらいをしていた。

彼は人に危害を与えるような暴力者ではなく、むしろ人を恐れる神経質なところがあったように思う。

原始時代の洞穴人のような風采の怪人で島の子供たちにとって恐怖の人物だったが、人を見れば忍者のように身を隠す怪人。わが家の「仲」が成長し勇壮な番犬になると、アカミーグラは家から遠ざかるようになった。

後記―米軍上陸後アカミーグラは海岸の洞窟で生き残ったが、何かの病気で死亡したという。気の毒な人であった。冥福を祈る。

戦艦猛炎、決死の逃避行

一九四四年十月十日の朝、瀬底校舎が空爆で炎上し、島にとどまることに危険を感じた父母は夜のうちに名護へ避難することを決め私たち一家は渡し場へ来た。そこへ来てはじめて日中断続的に爆撃の音が聞こえたのは瀬底海峡に避難中の輸送軍艦や潜水艦「迅鯨」、他に船舶数隻をめがけた爆撃であったことが分かった。

私たちが島を脱出しようとした際、飼い犬「仲」が渡し場まで追って来て一緒に舟に乗り込もうとし、追い返さなければならなかった実情に胸が痛んだ。

これからの夜間の旅や名護での避難生活への不安で追いつめられた境遇の中、「仲」を同行できず、瀬底の浜に残して舟は岸を離れた。その間「仲」は私たちに向かって「キャン、キャーン」と悲哀な声で鳴き続け、仲との別れに胸がひきさかれるようであった。戦時に生き残るためには飼い主も必死である。

舟が岸を離れ、浜崎へ向かう海上で時々パチパチとはじけるような炸裂音に伴い、モウモウと火が噴きあがる。船舶から重油が燃える悪臭が漂い、大輸送船の鉄塔や操舵室から猛烈な火山の噴火のような熱気が小舟の私たちにもあおりつけ、舟が揺らいだ。

小舟から見上げる輸送船は島のように巨大に見え、私たちを乗せた舟は木の葉のようであった。噴火にあおられそうになる小舟の底に身を縮め、ただ無事に浜崎に着けることを祈り続けた。舟底が浅瀬に乗りあげる音を聞いた瞬間、「生きのびた」安堵感で胸がいっぱいになった。下舟して砂浜に足を踏み入れたときの安心感と歓喜は地獄を抜けて、地に生き還ったような複雑な心境であった。

浜崎集落は向かいの海上の船舶の噴火を目前にして、無人の村のようにひっそりと静まりかえっていた。

平時ならば、日中本部半島の回線バスが運行していたが、非常時態でしかも夜間とあって、交通機関は皆無だったため、浜崎から名護をめざして、私たち家族七人は徒歩で十四キロの道を夜間行進をはじめた。

崎本部の岬までは燃えさかる船舶の火柱が郡道を照らし路上は見えたが、岬から安和への曲がりからジョウガビラ峠にさしかかると、道路が屈折し、峠に遮られて暗がりになった。夜空に反映する噴煙からうっすらと道路が見えるだけで、バスで往復した経験から崖に落ちないように路線を辿った。

重いリュックを背負い幼い弟たちは足が疲れて泣き出した。生後九ヵ月の翠は、母と迪子が交代で背におぶり、十四キロの道程をみな死にもの狂いに重い足をひきずり、行進を続けた。

平時バスの車窓から崖下の清澄な海底をのぞく楽しみがあった場所も暗闇の中に深く沈み、崖上の道から足を踏みはずさないように重い足をひきずるだけで精一杯だった。

途中、私たち家族の他にも名護方面へ向かう避難者があり馬車が一台追《っ》いていたので、弟たちを交代で便乗させてもらった。

安和・山入端・屋部・宇茂佐の平坦な砂地道路を通過し、名護曲がりのポーイシ（大石）の琉球松並木に差しかかり、名護湾の海面に星光がうっすらと輝いているのを見た時には辛かった十四キロの行進も「ゴール近し」とばかり元気づいた。

だが、宮里の村に入ると、どの家も灯りはなくひっそりと静まりかえっている。路上にも人影が全く見当たらない。不気味なほどの静寂で全くのゴーストタウンであった。

宮里から東江への街道沿いは意外にも今朝の空襲の被害は見られず、そうかといって灯りも見えず水をうったように静まりかえっている。

私たちは東江の親せきの家へ向かった。時刻はすでに夜半をすぎていた。暗闇の中を母の実家名護城へ登る気力もなければ峠のハブ（毒ヘビ）の出現を恐れて東江で一夜をすごした。

翌朝、空襲再来を恐れて早々に名護城へ登ったら、同じく空襲を恐れた町の人々が前夜から神殿やノロ家の周辺に避難し、腰をかける場所さえない。ノロ家の嫁叔母は「ここだって安全じゃない。もっと山奥へ避難したほうがよい」と。

大勢の子供をかかえた母は兄嫁の忠告を受け途方にくれた。

第四章

避難生活

妹・翠の初歩き

十・十大空襲から一夜明けて翌朝も好天であった。

前夜から名護城に避難していた町人も「この好天に便乗して今日も敵機が来るのでは――」とこの山家も危険だとみなし、名護岳や他の山間へ雲散霧消した。

私たち家族も母の従妹の山城悦家族とともに、山城家の子守りの里・東江原の実家を頼り名護岳の裏山里へ疎開することになった。前夜十四キロの道程を歩き続けたばかりだったが、「疲れた」などとぜいたくな愚痴をこぼしてはおれなかった。日暮れを待って前夜と同様、各々重いリュックを背負い、石ころの山路を幸地又から二キロの峠を越え、ワラビの密生する叢をかき分け、東江原の田場家にしばらく疎開した。

十・十空襲の後、米軍上陸が噂される中、ほとんどの学校が閉校になっていたが、十月―十二月にかけて沖縄の空は「嵐の前の静けさ」なのか穏やかな疎開生活であった。静けさが長引くと余計に不安と危惧がつのった。一方何事もなく日々をすごすことも退屈である。

父は爆撃を受けた瀬底校のことが気になり、家族を残して独りで島へ戻った。

携帯した食料品もそろそろ底がつき出した頃、田場家の幸子ねえさんが名護岳にシイの実が実っていることを教えてくれた。

椎の実は小粒な栗の実に似て煎ったり蒸したりして皮をくだき、中身を食べるのである。幸子姉に連れられ、名護岳一帯で椎の実拾いをした。その日の夕食に不足がちのお米に混ぜて椎の実ご飯を作った。

その頃、生後九ヵ月になった翠がひとり立ちをするようになった。それを見た私は妹を庭に連れ出し、「ハイ、ハイ、こちらへおいで!」と両手で支えつつ歩行をうながすと、一歩、二歩と足を大きく持ちあげて歩きはじめた。生後九ヵ月の初歩きである。妹が一歩一歩おぼつかない足どりで大地を踏み出した喜びで、「みーちゃんが歩き出した!」と手をたたき歓声をあげた。三年前に妹・峯子が八ヵ月で夭折し悲嘆に暮れた経験から、翠が元気に成長歩行をはじめたことはこの上もない歓びであった。

山村に疎開中、妹の初歩きの祝いに、家族ははじめての椎の実ご飯で健康を祈った。

十一月に入り、懸念された空襲もなく、穏やかな日が続くと、緊張感が緩み、山中疎開生活に飽きがきて、難民は山下して元の生活に戻った。

沖縄に一時空襲なしの期間中、米軍は東京、大阪、名古屋など本土の大都市に大空襲を展開していたのである。その平穏さに当分空襲はないと思い、母は父の後を追って翠とその子守り役の勉子を連れて瀬底へ戻り、私と弟・進、守は東江の親せきに預けられた。その間進（一年生）と私（三年生）は名護第二国民学校（東江）に入ったが、家族との別居生活に耐えられず、二週間ほどで通学をやめ、瀬底の家族と合流した。当時、修は空襲後も三中で軍事教練のため、親せきの岸本伊祐宅に下宿し、家族と顔を合わす機会はほとんどなかった。

二度目の沖縄大空襲

戦雲が暗くたれこめる中、瀬底で一九四五年の新年を迎えた。

十・十空襲の爆弾で校舎が全焼し、授業再開のめどがつかず、ほとんど休校状態だった。戦時とはいえ、妹・翠が健全に育ち満一歳の誕生日（一月二十二日）を迎えることができ、母はその前日、翠の誕生祝いと、明日の指針のつかない瀬底校の先生方との最後の分散会を兼ねて、ご馳走を作り、テーゾーキ（柄のついた大竹籠で、冷蔵庫がない時代の保存籠）にお餅や揚げ豆腐、てんぷら、寒天、昆布巻きなど、たくさん準備した。

ところが、当日、忘れ難い爆音が十・十空襲の時と同じように冬空に響き渡った。今回はまぎれもなく敵機再来とすぐに分かった。その爆音とともに島の向かいの健堅や瀬底の村のサイレンがうなり出した。「それ来たぞ」とばかりに私たちは裏のフクギの下の防空壕へ駆け込んだ。今回は島内で唯一のめぼしい建造物の学校がすでに全焼していたため、敵機編隊は伊江島に向かい、他の一隊が向かいの健堅駐屯の宇土部隊をめがけて旋回し、爆撃を開始した。時たま島を威嚇するかのように低空旋回していたが、島への直接爆撃は受けずにすんだ。

十・十空襲の経験で、編隊が過ぎ去った後爆撃休止時間があることを知り、その合間に母が前日準備してあったご馳走を壕の中に持ち運び、暗い防空壕の中で家族だけで翠の誕生日を祝った。翠はその頃、ヨチヨチ歩きや片言しゃべりができ可愛らしい時期で、爆音の合間に歌をうたったりして、敵機が去るのを待った。

その翌日、私たち家族は屋部旭川の宜保静先生の実家を頼って、また瀬底島をあとにした。それが島との最後の別れとなった。

屋部へ疎開

瀬底島から屋部旭川の宜保先生の実家に一時お世話になり、屋部村はずれの大兼久に母の昔の教え子が夫の出兵で独り暮らしをしていた家に間借りし、移り住んだ。

屋部大兼久は砂地の農場に瑞々しいヤブ大根やチシャ（レタス）、エンドウ豆、ニンニク、キャベツなどがよく生え、早春の日差しにエンドウや大根の花が畑を彩り、戦時中とは思えないのどかな集落だった。

私たちの借家の隣に村でも指折りの篤農家があり、当時にしては珍しく三菱ミシンを持っていた。そこの長女姉さんは裁縫が上手で、母の紬や絣の着物を私たちのモンペやブラウス、防空ズキンに更生してもらったり、大きなヤブ大根をもらったり大変お世話になった。

翠の誕生日に第二回空襲の後、敵機大編隊による空襲はしばし途絶えていた。時たま上空にB—29爆撃機や偵察機が現れた。そのため道を歩いていても何時空から爆撃を受けるかもしれない恐怖は絶えず抱いていた。そうした中、旭川の宜保圭子さんの家へ遊びに行く途中、長い田圃道があり、そこを通過するのに路上近くに隠れ場所（木影や土堤）があるかどうか、そこまでの距離を目測し、その間を走って目的地に着くよう心がけた。

沖縄の空にB—29や偵察機は飛んだが実弾が途絶えていた頃、米軍は東京とサイパンの中間に位置する硫黄島上陸作戦を展開していたようだ。硫黄島は本土あるいは沖縄への上陸の前哨基地として重要な位置にあった。

米軍は一九四五年二月十九日硫黄島上陸を開始、そしてスリバチ山に二月二十三日、六人の米海兵隊員が星条旗を翻したあの有名な「硫黄島星条旗掲揚」写真（ＡＰ通信特派員ジョセフ・ローゼンテル、一九一一—二〇〇六）は当時米軍の太平洋戦勝利の歴史上決定的なシーンとして大々的に報道され全米を沸かせた。

だがあの国旗掲揚で米軍が直ちに一方的な勝利をおさめたわけではなかった。その後三十六日間に亘り両軍の激戦が続いた。僅か八平方マイルの火山島で日本軍二万三千人、米軍は空から百十機の戦闘機、海から軍艦による砲撃を続け、米海兵隊は上陸に成功し、両軍の凄まじい激戦のあと、日本軍二万二千人戦死（捕虜になることを恐れ、自決者多数）、米軍側六千八百二十一人が戦没したという。

二ヵ月間に亘る激戦後、遂に三月二十一日、硫黄島陥落、日本軍の生存者は僅か一千八十三人だったという。

三度目の沖縄大空襲

硫黄島で日米激戦中、沖縄は比較的平穏な日が続いた。その間、父は瀬底校の天皇皇后両陛下の御真影を山村の羽地村真喜屋の元瀬底教員宅に疎開させ、そこを瀬底校の先生方の連絡先にしていた。私も屋部大兼久に疎開中、父に連れられ、訪れたことがあった。

真喜屋の先生宅（名は覚えていない）は羽地でも旧家にあたり瓦ぶきの広い屋敷で前庭に枝を広げた老樹があったように記憶する。

三月下旬頃（硫黄島陥落後）、敵機襲来のサイレンの唸りが頻発した。サイレンの音に大急ぎ家を飛び出し、私達は五〇〇メートル離れた裏の谷間に逃走中、頭上に急に物凄い速度で戦闘機が現れ、急低空して私たちをめがけてダッダッダと機関銃を発射した。

運よく私たちは危機一髪のところで近くの谷間の小川の茂みに逃げ込み、第一回低空の射撃は免れたが、この谷間に連がる勝山、さらに嘉津宇岳、八重岳や真部山（そこは在通信部隊）へ急高旋回するのに戦闘機のエンジンの爆音がやまびこのように増幅し、耳を劈かんばかりの騒音。しばらく山の彼方へ遠ざかったかと思えばまた不気味な急低空飛行の音、急旋回の爆音の繰り返しが続いた。

戦闘機のパイロットは確かに私たち家族が逃走する姿を目撃したらしく、谷間に向けて機関銃を打ちつけた。戦闘機は機体が軽く低空飛行操縦ができるため地上に動くものを見つければ、無差別に射撃を続けたようだった。

空襲が頻繁になるにつれて、屋部の村はずれでも安全でないことを知り、また山間の宜保先生宅の近くに防空壕を掘らせてもらい、所持品一切を壕に移動して日中、そこで生活した。

一九四五年三月二十一日硫黄島陥落に成功し、米軍は本土決戦の前哨戦としてまず沖縄侵攻作戦に入り、同年三月二十六日慶良間諸島に上陸の第一歩を踏み出した。

名護湾を埋めつくした米軍艦――決死の山中逃避

一九四五年、米軍が硫黄島陥落後の三月下旬、沖縄上空に米軍機の来襲が頻繁になり、いよいよ米軍上陸の日が近いことを住民は感じていた。

私たち家族は日中空襲を恐れて旭川の壕内ですごしていた。四月のある朝、屋部の村から青年が駆けつけて来て、「いまアメリカーが名護湾に来ているぞ」と息せき切って山間の難民に告げた。その通報に、「いよいよ来たか」の思いで、私たちは大急ぎで手荷物を軽くするために上衣やモンペを二枚重ねに着て、各自のリュックを背負い壕を飛び出したものの、どこへ逃げればよいのか分からないままにただ山奥めざして必死に逃走を続けた。旭川から森林の深そうな山奥をめざしたが、丘陵の中腹あたりに登りつめると、木が生い茂る奥山ではなく、伐採された禿げ山に出た。そこは山中の炭焼き小屋のある山になっていたのだ。

東の山上に日が昇り、草木にはまだ白露がきらめき、さわやかな四月の朝だった。自然は人間の過酷な争い事を知らぬかのように穏やかに規則正しく時を刻んでいた。

伐採された空地から後ろを振り返ると遠方に名護湾が見えた。穏やかな湾にはすでに無数の米軍艦隊が黒蟻のように埋めつくしているではないか！　全く想像もつかない光景であった。

いつもの名護湾は恩納岳の山並みを背に曲折する海岸線に囲まれ、小さな漁船が四、五隻とサバニが浮かぶ程度の閑散とした浦曲だったが、いま眼前に見る名護湾は火を噴く岩のような黒船から艦砲射撃が陸地に向かって飛び散っている！

山の中にこもり他地域の戦況について全く情報が得られなかったので、一千数百隻の艦隊が名護湾に押し寄せていることも知らず、目の当たりにしてはじめて米軍上陸開始を知った。

私たち家族は伐採された倒木や大岩を飛び越えて山上めがけて必死に逃走を続けた。

私は倒木や大岩を飛び越えている中に、二枚重ねに着ていた内側のモンペの吊りボタンが切れて、内側のモンペが落ちて両股に絡み、走ることができない。廸子姉は妹を背負い、兄弟たちも父母のあとを追って懸命に走っている。私は走ることができず、どんどん後へ取り残された。見知らぬ山中にひとり取り残されそうになり、「おかあさん！ おかあさん！ 待って！」と泣き叫んだ。

母は私の緊急に気づき、戻って来た。

「どうしたの？ 早く逃げないと撃たれるじゃないか」と叱咤。その間、名護湾から艦砲射撃の爆音が絶えなかった。母は伐採跡地の露天で敵軍に目撃されることを恐れて私を近くの灌木の茂みへ連れて行き、そこで焦る手元ももどかしげに私の肩吊りモンペを脱ぎ捨てて、着替えさせてくれた。歩行が自由になり、母に手を引きずられて、山上で待機していた家族と無事合流した。

山上から見下ろした名護湾や宇茂佐の海岸には水陸両用艇が並び、隊員が蟻のように浜辺に向かう姿が見えた。

千四百隻という大艦隊が集結し、海岸一帯の集落向けて、砲撃を連発していた。いまだかって想像もしなかった敵軍艦隊を山上から目撃し、艦砲射撃が「ヒュー」「ヒュー」と風を切り、「ドカン！」とあたりを震撼させるたびに心臓をつき抜けるような恐怖の苦痛を感じた。

その光景は地獄絵を見る思いがした。米軍の上陸で、この先自分たちの運命はどうなるのか、ただ生きたい思いで、山へ山へと逃走を続けた。戦争とは人間の生死を賭けた極限の行為である。「死ぬか」「生きるか」の淵に立たされていた。

私たち家族は旭川の東北の裏山を越え、中山のある農家に到着し、そこで一夜を明かした。夜明けとともにまた山中に逃げ隠れた。そこは八重岳の裾山になっていた。八重岳には日本軍の通信部隊があることを聞いていたので侵攻して来る米軍に対戦するかと思い、その流れ弾が落ちて来るのではないかと心配したが、昼すぎに八重岳と真部山の山頂あたりで、多くの兵士が上半身裸で作業をしているようすが下方山中の隠れ場所から見えた。時折、上空を飛ぶ戦闘機があってもそこを爆撃するようすがない。白昼堂々と作業を続ける人影は友軍ではなく上陸した米軍が陣地作業をしているようだと、父母は判断した。

たった前日、名護湾に満艦満場した米軍がすでに八重岳山頂を占領しているとは？　その早さに恐怖を感じ、父母は友軍の陣地のある北東の多野岳なら、国民を守ってくれて安全だと信じ、日暮れとともに多野岳めざして、逃走を続けることにした。

死体踏み越え逃走

八重岳山頂で熱暑の中、米兵がシャツなしで営陣作業をしていた光景を目撃し、私たち家族は日没を待って、闇の中を北東の多野岳めざして移動をはじめた。全くの暗闇で道らしい道も見えず、叢をかき分け、父母の方向感覚を頼りに伊豆味街道へ出た。中山あたりに今帰仁への交差点があり、その交差点に差しかかった時、夜闇を破って、「パン！　パン！」と銃声が響いた。私たちはハッとして路傍の窪地に身をひそめた。不気味な静寂が流れた。しばし時が流れ、母が「もう大丈夫のようだ」とみんなを急き立て、また街道に出た。すると母が何か見てはならないものを見たらしい。

「さあ、みんな早くこの道路を渡りなさい。そばを見ないように！」と声をおとして震え声でいった。私たちは母がいうように足早に路上へ出た。「見てはいけないもの」とはいえ、すぐ近くに二人軍人らしい人が路をふさぎ横たわっている。闇の中で顔形はよく見えなかったが、まだ体温が残る人体らしきものを踏み越えた際、身震いがした。

死者に対する尊厳を考えるときではなかった。己の命を守るためにはみな死に物狂いだった。死体を踏み越え道路を進んだが、道路を進行するのは危険だとみなし、今帰仁向けの道路をはずれて、ワラビの叢に入った。肌身をさすワラビの中をどれくらい踏み分けたのか、しばらく歩き続けて雑木林に入った。雑木林を登ったり下りたり行き先も分らないまま、暗闇をただ一心に歩き続けた。そして川沿いに辿り着いた。あとで分かったが、そこは「嵐山」というところであった。

夜中の芋掘り

嵐山は羽地古我知と今帰仁湧川を結ぶ山地であった。樹木がうっ蒼と茂り、清流が流れ、その川沿いに避難小屋が建てられていた。そこで難民と出会い、話を聞くと、羽地一帯はすでに米軍占領下にあり、羽地を横断し多野岳へ渡るのは危険だとのことで、私たちは多野岳行きを断念し、嵐山に停まることになった。嵐山は密林で敵軍から身を隠すのに適地に思われた。

それに生活に必要な清流が流れ、川沿いに多くの難民が掘っ立て小屋を建てて住んでいた。私たちは他の避難民の助けで、木の枝や葉を重ねた即席屋根の避難小屋を建てた。

だがその頃梅雨期に入り雨天が続くと、木の葉ぶきの屋根はあってもなきが如し。ザルに水を注いだように雨漏り、土場は水浸し、まるでたんぼのようになった。さらに近くを流れる川水がますと、小屋の中にせせらぎができる。家族は小屋の中でただ天を恨めしく思うばかりで、雨がやんでくれることを祈るしかない。

陰うつで惨めな雨天続きの山中避難中、また一つ悩みが重なった。父の右肩に腫れ物ができたのである。医師も薬品もない。父は痛みを堪えて自然治癒を待つしかなかった。父の疾患に続き、難題がもち上がった。携帯していた食料品が底をつき、明日の食をどうするか？　九人家族の口をまかなうのに母は苦慮していた矢先、護郷隊に入隊した瀬底の舟頭の息子が多野岳から退散し、山中で逃げまどう中、誰かの口コミで私たちの居場所が分かり、父母を頼って小屋に現れた。食糧難に苦慮する母は困惑した。

そうした苦境下、川沿いに避難中の羽地の地元民から、夜間米軍の目を避けて、嵐山の麓の畠から芋や野菜の採集ができると聞き、地元民の案内で食糧さがし部隊に参加することになった。だが、誰が母と一緒に芋掘りに行くのかが家族間で問題になった。父は病人、兄・修は十四歳の誕生日を迎えたばかりだが、学徒隊の年齢にあることと、母の脳裏には嫡男であるため危険にさらしたくないという保護意識が働き、兄は問題外、姉・廸子は幼児翠の子守り、弟・守はまだ五歳の幼児とあって、結局私と弟・進（七歳）が母のお供になり芋掘り部隊に加わった。

地元の人たちはすでに慣れた様子で、近くの米軍キャンプから照明弾が打ち上げられると、地に伏してその明かりで照らされた一帯をよく見渡し芋畑のありかを心眼でマークし、照明弾が消えた後に、その畠めざして駆けて行き、暗闇の中を手さぐりで芋蔓をたぐり、芋を掘り出すという知の長けたわざであった。

夜間の芋掘り初日、全く新しい生存訓練を受け、それほど収穫はなかったが、母に同行し、少し親孝行をした自己満足感があった。母が採集した僅かばかりの芋を山小屋に持ち帰った。「明日は芋が食べられる」。期待感で暗い山路も苦にならなかった。

二歳下の進は子供の頃からわんぱく小僧で利発、自由奔放に発言し、そのため他人の反感を買うことがあったが、何かしなければならない立場に立たされると忍耐強く責任感の強い性格であった。その気質は後年国費留学をめざして猛勉強、初心（化学専攻）を完遂した。進は私の東京への私費留学の夢をかなえてくれた側面的な助け手となる。

戦時中、母と共に夜間命を賭して羽地へ芋掘りに出かけた思い出は姉弟愛の深い絆となったが、進は一九九六年、六十歳足らずで大腸ガンをわずらい惜しくも他界した。

芋泥棒友軍との対峙

一九四五年四月七日、米軍が名護湾から上陸し一ヵ月余が経過した。その頃、北部での日米攻防激戦はあまり聞かれなかったが、羽地ではすでに米軍による一方的な占領体制が施かれつつあった。その間、北部の日本軍要塞・多野岳もあっけなく陥落し、兵士たちは四方に雲散霧消、その一部が嵐山に逃げのびて来た。嵐山は多野岳と本部半島の陣地との中間にあって、米軍上陸によって両陣地が陥落すると、いずれの側も彼方の陣地が安全強固に見えたのか、両側から敗残兵や難民が通過するクロスロードになっていた。

そうした戦況を全く知らない私たちは、前日夜闇の中を手さぐりで掘ってきた芋を避難小屋の前を流れる川水で洗い、ザルに入れて岩の上に水揚げしておいた。

すると、地元の難民には見かけない鼻ひげをはやした三十代の男が現れた。その男は絣の着物を着ていたが、軍帽をかぶっている。一見して地元の人でない風貌である。しきりに川中の岩から岩へ行ったり来たりうろついている。何か様子がおかしい。

川岸の小屋から母と私はじっと彼の様子を窺っていた。しばらくして、その男はなにげないふりをして岩の上に干してあったザルから芋を一個取り着物の袖に放り込み、あたりを見回してはまた一個袂に入れた。まさにコソ泥だ！　それを目撃した母は憤って外へ飛び出し、岩の上の男と対峙した。

「私たちは命がけで戦陣の中に入り、芋さがしをしたのに。あなたは一体なんですか」と怒りをぶっつけた。

その男は脱走兵だったのか、あるいは米軍から日本兵だと疑われないためだったのか、民間人を装ってボロの着物を着ていたが一見してナイチャーと分かる風貌であった。母はすぐに軍人だと察知し、「あなたは友軍でありながら戦わずして山中を逃げ回り、民間人の食料を取りあげるとは！　友軍とは国民を守るのが務めではありませんか！」とまくし立てた。思いがけない流暢な標準語の抗議に男はしばしたじろいだかにみえた。

男は母に軍人だと見抜かれて、開き直り「日本軍人を非難するあなたはアメリカのスパイだ！　近くに大将がいるので、明日大将を連れて来る。あなたの家族諸共、軍刀で切り捨ててやる。覚悟しておけ！」と怒りに震えながら、袂から芋を取り出し投げつけて、その場を立ち去った。

その日本兵の「大将と軍刀」の威嚇を受けて、まだ戦時の真っ最中に日本軍を非難したことで、母は心配になりこのまま同じ小屋に停まっていてはあの兵士がいったように家族が皆殺しにされる危険に直面して、私たちは各々の携帯品をまとめてその日のうちに川沿いに上流へ上流へと移動を始めた。

上流へ行けば行くほど次第に樹木の茂みが薄くなり湧川あたりのワラビ原へ出た。ワラビの野原では敵軍の目にさらされることになる。それを恐れてまた川沿いの山中に引き返し、元の小屋の反対側の支流に空き小屋を見つけて、そこで一夜を明かした。

戦争とは暴力と人殺しである。戦争という極限の状況下では法も秩序もない全くの無法地帯である。人間の究極はいかに生き残るかの勝負である。勤皇魂の軍人といえども「敵に降服するより自決せよ」と教えられても、誰でもやはり自分の命が欲しい。敗残兵も自分の命欲しさに逃走していたことを思えば、芋泥の兵士の行為は見過ごしてもよかったかもしれないが、私たちも命賭けで得た食料であった。

戦争とは敵も見方も鎬《しのぎ》を削る必死の戦いである。

米軍の山中掃討作戦

一夜明けてあたりに他の避難民がいないことに気づいた。どうしてだろう？　他に難民がなく孤立した場所ではなお危険だと思い、私たちは他の難民のいる支流へ移動した。そこに一軒空き小屋を見つけて停まった。

ところが先日古我知へ芋掘りに同行した地元の人が「アキサミヨー、アメリカーがチュンドウ！」（大変だ、アメリカ人が来るぞ！）と上流から息を切らせて駆けて来た。

密林の安全地帯だと思った避難小屋だが、この山中にアメリカ兵が来るとは？　どこへ逃げればよいのかあたふたと戸惑っている中に十四、五人の小部隊が鉄帽に草木のカムフラージュをし、銃を携げて川上（今帰仁湧川あたり）からワラビの茂みを踏み分けやって来た。私たちは逃げる時間も場所もなく、立ち往生した。

米部隊は日本兵や兵役年齢の男性を捕虜にするため山中掃討をはじめたらしい。米兵が来ると聞けば男たちは避難小屋からさらに遠くの茂みに身を隠さないと連行されるとの噂が流れていた時だけに、米部隊の急な出現に父と兄は隠れる時間がなくうろたえた。だが母は落ち着いて、私たちに小屋の前に一列に並びひざまずくよう指示した。

今回は友軍であるはずの日本兵の威嚇ではなく敵軍米兵にいよいよ一家皆殺しにされるのではないかと戦々恐々、恐怖に震えた。

兵役年齢と見なされた父と兄を指さし、しきりに「ユウ、ジャパニーズ・ソルジャー」と繰り返す。母が素早い機転で、直立していた兄のズボンの裾をひっぱり、背が高く見えないように土場に座するよう目で合図した。父は着物の襟を開き右肩の膿腫傷を示し病人だと知らせると納得したかに見えたが、小屋のわきに先住者がはき捨てた地下足袋を発見して、

「ジャパニーズ・ソルジャーズ・シューズ」（日本兵の靴だ）と繰り返し、日本兵がいるはずだと威嚇する口調に変わった。母は手をふり「ノー、ノー」と否定のジェスチャー。地下足袋は当時男性の作業用のはき物であり必ずしも軍人用ではなかったが、それを英語で説明することができず窮地に立たされた。執拗に問いつめる米兵に母は「ノー、ノー」の一点ばり、母も負けてはならない。米兵も母の執拗さに負けたのか納得したように「レッツゴー」と、カムフラージュで塗られた黒顔に白い歯をのぞかせ笑みを浮かべて、次の避難小屋めざして立ち去った。一難去って家族はほっと胸をなで下ろした。

「鬼畜米英」の宣伝文句は聞きなれていたが、実際に青眼の白人や白眼がギラギラ光る黒人をは

じめて身近に目撃し、これまで顔のない敵国アメリカには白い人も黒い人もいることを知り、恐怖感がある一方、なにか人間の姿を見た好奇のよろこびも伴い微妙な感慨であった。

病身の叔母さがし

嵐山避難中のことだった。どこかの山中に避難していた従姉・山城米子が私たち家族の避難小屋をさがしあて、たずねて来た。

電話電報や郵便など皆無の戦時中、人々はいかにしてコミュニケーションができたのかいまもって不思議に思うのだが、親せきや知人の居場所をこの山中でもさがし当てて頼って来るケースが多かった。口コミの威力か？

米子は米軍艦が名護湾を埋めつくし上陸して来た時、名護為又の老伯母宅に脳梗塞で全身不全になった母親を預けて、単身で山中へ避難したが、為又（当時は山村）に残した病身の母が絶えず気になっていた。

ある夜、米子は為又にしのび込み、老伯母と母を訪ねたら、おばあがいうには「上陸後、米兵が為又にも来たが殺すことはせず、あんたのお母さんはタンカに乗せられ、どこかへ連れて行かれた」とのこと。米子はあとで米軍は病人や老人に危害を与えず羽地田井等の収容所に収容しているとの情報を得たという。

「母にぜひ会いに行きたいが、独りで米軍キャンプの中を潜り、田井等へ行くのは怖いので、おばさんの家族から誰か同行させてもらえまいか」と相談にやって来たのだ。

母は、私が夜間の芋掘りにボランティアで同行していることをかって「宮子なら勇気があるから彼女を連れて行きなさい」と私を指名した。

二、三日経って従姉はおにぎり弁当を携えて私たちの小屋にやって来た。

一九四五年四月七日、米軍が名護湾から上陸して以来、すでに羽地を北部の民間人捕虜収容地域に指定し、民間人の追い込み作戦に入っていた時期だった。したがって日中、民間人が正々堂々と指定地域に入って行けば米軍は危害を加えないとの宣伝を信じ、米子と二人で嵐山から下山をはじめた。

梅雨明けのまばゆい日差しのある日だった。二人は暑い日差しの中を避難民が踏みならした山路を古我知の集落めざして歩き続けた。嵐山の麓に差しかかった時、耳馴れない早口の話し声が向かい側から聞こえて来た。二人ははっとして立ち止まった。前方二〇〇メートルあたりに山裾の小川沿いの同じ道を二人の米兵が銃を肩にこちらへ向かって足早にやって来る！

「あら！ あれはアメリカーだ」と小声で呼び、二人は一瞬どうしようかと戸惑った。そのまま歩き続けて米兵と対面すべきかどうか迷い、しばらく路ばたに立ち往生した。

「アメリカーは女や子どもには危害を加えないというから何げないふりをして、そのまま行こうよ」と従姉はいう。言葉も通じずしかも二対二で敵兵と対面することにまだ九歳の少女にもある予感が背筋を走り、急に恐怖感に襲われた。二人の米兵は何やら会話に夢中で私たち二人の存在に気づいていない様子だった。

「どこかに隠れようよ」と従姉を促した。幸い、私たちが歩いていた路わきに小川が流れ、その土堤にユウナ（オオハマボウ）の茂みがあった。およそ一〇〇メートル先をこちらへ歩き続ける米兵に目撃される寸前、二人は小川に下りてユウナの木の根に身をすくめ息を殺して米兵が川土堤を通り過ぎるのをじっと待った。

米兵はまるで山へ狩りにでも行くように楽しそうに話し続けていた。そして私たちが山下りした山道とは反対側の谷間へ向かって足取り軽く消えて行った。

危機一髪の瞬時、身を守り一難去って、米子姉は「折角、ここまで来たのだから田井等まで行こうよ」と私を促した。古我知の奈佐田川沿いの道を目で辿ると、遠くに米軍のキャンプらしいテントが見えた。そのキャンプの前を通過しなければならない。

米兵たちが私たちを見たらどのような扱いをするか？ 悪い予感が走り、私はためらった。と同時に先刻二人の米兵が去った方向を見回した。そこには新しく丘を掘削った行きどまりの赤土の広場が見えた。その広場の上に視線を移すと梅雨でぬかるんだ赤土に戦車の轍《わだち》があり、水たまりになっていた。

梅雨明けの炎天下にブンブン蝿が飛び交っている。そして蝿羽で煽るかのように悪臭が鼻を突いた。なんだろう？　蝿がブンブン唸っている固まりをよく見ると、雨後の轍に日本軍服の兵士四、五人が無造作に横たわっている！　恐怖のあまり釘づけになりじっと目を凝らした。顔や軍服の間から蛆がわき、その上を蝿がブンブン唸り旋回しているではないか！　生まれてはじめて白昼に人間の死体に遭遇した。二ヵ月前米軍上陸の翌夜、伊豆味街道中山交差路で暗闇の中に死体らしき影を踏み越えた経験はあったが、白昼下に無惨な人間の姿に接し足がガタガタ震えた。

日本兵は敗残兵だったのか逃走中だったのか？　北部では日本軍の激しい抗戦を耳にしなかったが、すでに米軍占領下の羽地の山麓で眼前に日本兵の悲惨な姿を見て、まだ戦争中だと痛感し、死の恐怖が背筋を走った。

「今日、叔母さんに会いに行くのはよそうよ」と米姉にふるえながら退却を促した。彼女はそれでも病身の母への思いが諦められず戸惑っているようす。というのも、米子は生前に父親は南米に出稼ぎに行き、その後消息を絶ち、母ひとりの手で育ち第三高等女学校を卒業後、母娘で名護市場で食料品店を営んでいたが、一九四三年頃、脳梗塞で全身不全になったため、病身の母の看護と店の経営を独りでやりくりし、すでに婚期をすぎた中年だった。従姉といっても年齢に差があり、子供の頃は「ねえさん」と呼ばず「おばさん」だと思っていた。

母娘のしがらみで半生をすごした米子は米軍上陸時母を背負って山中を避難することができず、為又の老伯母に預けた際、「もう年寄りはどうなってもかまわないから一人で逃げなさい」

といわれ、他の同郷人と山中へ避難したものの、後に残した母が絶えず気になり、夜闇に為又の伯母宅へ戻ったら、羽地に収容されたことを聞き一日も早く母に会いたくてたまらないのだ。従姉の母への愛に比べ、私の叔母への思いには格段の差があった。敵陣の中を潜ってでも母に会いたいという従姉と、目前の日本兵の無惨な死骸から連想する死への恐怖で尻込みする私との間にしばし心理的な葛藤があった。従姉も危険を冒して私に同行を強いることに責任を感じたのか、「宮子ちゃん、今日は縁起が悪いようだから、また出直すことにして、山へ戻りましょうね」としぶしぶ諦めたようすに、私はほっとした。

私たちは山中に米兵が消えた反対側の山路を一目散に駆け登った。

山路は梅雨で生き生きとしてワラビの若芽や萌黄色の灌木に混じって想思樹の清楚な花が初夏の日差しに匂っていた。

戦時中とは思えない和やかさ—自然の季節のリズムは確実に動いていた。

第五章

終戦——アメリカ・ユー

北部難民の下山──南部戦線の崩壊

嵐山での避難生活は降り続く梅雨と食糧難に悩まされた。それに米軍は多野岳と八重岳、真部山から日本兵と民間人が混入し、潜伏するクロスロードと見なし、嵐山避難小屋を頻繁にふい打ちをかけるようになった。そうした中、難民も食糧難を抱えていつまでも山中生活に耐えることができず、羽地へ下山し、任意で捕虜収容所へ向かった。当時すでに他地域からも難民が収容され、羽地カンパンは拡大されつつあった。

父母は皇民化教育者として勤皇忠皇精神を堅持し、羽地収容所に自ら進んで捕虜になることに抵抗し、しばらく山中で頑張り続けたが一家族去り、また一家族去りで、付近の避難小屋が空き巣になり、取り残された私たち家族は心細くなって屋部旭川の宜保先生の親せきを頼って旭川へ下山した。それに宜保先生の家の近くの壕に衣類をつめた柳行李や他の家財道具を避難させてあったので、それを回収する目的もあった。

旭川は小高い山を背景に川底が透けて見える清水「旭川」が流れ、川沿いの片側はうっ蒼とした森、片側は田圃が広がり、その台地に民家が点在してのどかな山村であった。

旭川は屋部村の一集落で、屋部は昔から農作物が豊富であったため、食糧難下で何か落ち穂があるかも―と期待して下山した。だが来て見て、そこもすでに農地は荒らされ、食べ物がない。地元の人に教わり、ソテツの幹を毒抜きし、ソテツ粥を食べた。
戦後、沖縄で「戦果」という言葉が流行った。戦果とは米軍の食料品を盗み取ったり、廃棄物の中から缶詰、その他食べられそうな残飯をかき集めることだった。その戦果をあげる役割は大抵男の子が担った。わが家でも兄・修と弟・進が屋部国民学校敷地に駐屯していた米軍のゴミ捨て場から缶詰などをさがしあてて家族の飢えをしのいだこともあった。

危機一髪

その一方、米軍キャンプ近くは婦女子の危険地帯だった。屋部大兼久のもとの借家近くの農場に野菜物さがしに母と一緒に出かけたときのことだった。街道わきの大根畑ですでに幾度も荒らされた後のチビた大根拾いをしていると、通りがかった米兵のジープが止まり、母がさらわれそうになった。私はパニックに陥った。どうしてよいのか、母の危機を感じてただ大声で「お母さん！　お母さん！」と泣き叫んだ。

そこへ遠くから車の音が聞こえて来た。それを聞きつけた米兵二人は急に母を放しジープで逃走した。車の音はMP（軍警）の車であった。当時、米兵によるレイプ犯罪が頻発し、MPの目の届かないへんぴな地域は婦女子にとって危険な場所であった。幸い、母と私は道路のすぐ近くの農地にいたため、MPが通りかかり危機を免れた。

最終トラックで羽地へ

一九四五年七月中旬頃、山村の旭川にも米軍の宣伝車がやって来た。「もう日本は負けました。戦争は終わりました。皆さん、移動の荷物を準備して下さい。明日迎えの車が来ます」と日本語でラウド・スピーカーで住民に呼びかけた。地元旭川や屋部の村民、他の難民は宣伝スピーカーによる日本の敗戦を信じてよいのか当初戸惑ったものの、翌日米軍トラックが迎えに来る前に、川沿いの道路わきに持ち物を取り出して待機した。

その頃、沖縄南部戦線はすでに崩壊、牛島中将の自決によって沖縄戦は終わったも同然だった。そうした南部の戦局は全く知らなかったが、三ヵ月に亘る山中の避難生活、さらに食糧難に悩まされ続け、先が見えない不安な日々を送っている矢先、「日本は敗けた」との米軍の宣伝を信じるしかなかった。「米軍にどこへ連れて行かれようが構わない。ただ生き延びられればよい」という一種の諦めが支配した。

翌日、旭川に数台の米軍トラックが川沿いの道路に現れ、皆どこかへ連れ去られた。その日、私たち家族は台地の家から集団移動の様子を見ていた。父母は教師として敵の捕虜になることにまだ抵抗感を抱き、二、三日頑張り続けた。山中避難から下山した難民でしばし賑わったこの山村も集団移動がはじまると、日々閑散となり、私たちは心細くなった。嵐山と同じ情況におかれた。

三日目に「もうこのトラックが最後です」との日本語の通告を受けて、父母も六人の子供の安全のためには仕方がないと諦め、家族八人、最後のトラックに乗り込んだ。

どこへ連れて行かれるのか行き先を知らされないまま、米軍キャンプになっていた屋部国民学校やその周辺には全く民間人の姿はなく、フクギに囲まれた村の家屋敷は荒れ放題、そして名護の街もところどころに焼け跡が散在しているのをトラックの上からぼんやり眺めているうちに、国頭方面へトラックは走り続けた。

トラックは砂ぼこりを吹きあげつつ街道を走り続け「収容所」に向かっている。「収容所」と聞いて大きな集団施設を想像していたら、羽地我部祖河の民家の前にトラックは停まりなんの説明もなしに家族は降ろされた。私たちは戸惑った。どこを向いても施設らしいものはない。大きな木々に囲まれたひなびた茅ぶきの屋根々々が見えるだけ。運転手はどこへでも行けといわんがばかりのジェスチャーだった。

降ろされた民家は偶然にも祖母の遠縁に当たる「トクジョーヤー」の前であった。中庭に入ると、母屋や高倉に蟻のように先着者が群がっていた。これが「収容所」という所だと気づいた。

こうした情況下で親せき関係など通用するものではない。先着者が優先権を握る。最後に到着した私たち家族は、僅か三十坪ほどの家屋に五十人以上の先着者が座を占めていたので、縁側の半畳足らずの板床が明け渡された。持ち物を置くだけのスペースである。家族八人が寝る空間がなく、風雨を凌ぐために持ち物だけをおき、前庭の竹林の中で露天生活がはじまった。

我部祖河の青空学校

沖縄で最大肥沃の田圃を誇る「羽地ターブックヮ」のど真ん中に小島が浮かぶかのように琉球松林の丘があった。その松林で付近に収容された児童・生徒のための青空学校がはじまった。学校といっても教科書、ノートや鉛筆、黒板とてない手ぶらの授業、もっぱら口授暗記暗誦の授業であった。当時年齢の上では四年生の私の担任は師範学校中退の若い男性であった。十・十空襲以降、ほとんど学校へ行かないまま、四年生になっていた。まず算数の時間に掛け算九九を斉唱させられたが、砲弾の音で暗記力を失ったのか思い起こすのに戸惑った。皆、なんとか記憶をさぐり最後の九×九＝八一までこぎつけた。

その先生は角型の顔でやや青白く、髪の毛がふさふさとして中肉、小柄で、どちらかといえば文学青年の風貌であった。

彼は逸話好きでいろいろな仏教的勧善懲悪の話をされた。その中でいまだに記憶に残る話――。生存中、悪事ばかり働いていた男が死後地獄に落ちて苦しい拷問虐待に遭っていたが、ある日、地獄で苦しむ悪人たちの前に一本のクモ糸が垂れ、神の御声がして「お前たちの中にたった一人、生存中に善行をした者がいる。その者はクモが殺されそうになったのを助けてくれた。クモを助けた者はこの糸に掴まれば天国へひき上げられる」とのお告げをした。誰もがわれ先にと争い、クモの糸をつかんだが、糸が切れてまた地獄に落ち、最後の一人がその糸をつかむとスルスルと天国に昇って行ったという。その逸話をめぐって学童たちの意見をひき出すという、当時にしては極めて斬新な授業法であった。

武者小路実篤の教訓話に、例え小さな虫でも地上に存在するものには天命があり、すべての生きものを大事にすべきだという、教訓に似た話を想起する。

戦争という人間の極悪な行為がまだどこかで行われていた最中、その教師が例え小さなクモでも命の大切さを教えておられたことが青空学校の思い出となる。

十・十空襲後、学校の長い空白のあと、はじめての青空教室で松の木の間から青空を眺め天国を夢見た。

オキナワ・ローズ

ないないづくしの我部祖河の青空学校が開校して間もなく、米軍高官が学校にテントを贈ってくれるとのことで、その贈呈式にどこからかベニヤ板の演台が運ばれ松の木の下に設置された。

その高官は上陸直後、我部祖河青空学校（後年、稲田小学校に改称）の近くの羽地ターブックヮの真ん中にあった、アメリカ帰りの富豪が建てた一軒家を占拠し、羽地一帯の米軍指令部の官舎にして難民収容、統治にあたっていた。

その家主の娘にアメリカ生まれの三高女出のチャーミングな若い女性がいた。彼女は米軍上陸後、直ちに英語の技能が買われ、高官の通訳兼その他の任務についていた。

その家のすぐ近くの松林丘に「にわか学校」を設置し、その高官がテントを積んだトラックを率いて、ジープでやって来た。校長先生は戦争で汚れた衣服に裸足の児童を演台の前に集めて高官を歓迎した。高官は学校教育の重大さを強調し、施設改善を約束する意味の短いスピーチをした後、相次いで通訳の若い女性が演台に登った。

そして彼女が英語の歌を披露した。その歌は―

You are my sunshine, my only sunshine

You make me happy when skies are gray
You'll never know dear how much I love you
Please don't take my sunshine away.

というアメリカのポピュラーソングを歌った。その頃英語の意味は分らなかったが、テントを運んで来たトラックのGIたちが口笛を吹きならし、彼女に盛大な拍手を送っているようすから何か通俗的な恋歌である印象をうけた。

その時、彼女は真っ赤な口紅に、肩に届くほどの長髪をカールし、ハイヒールをはき、裾巾の広いスカートにフリルのついたブラウスを着て、まるでアメリカのポスターガールのようだった。

彼女が歌った歌詞は学童には適切でなかったと思われたが、占領軍の母国の流行歌を歌い、GIたちを感激させたことは確かだった。

私はその時英語の意味は分らないままに、そのメロディーと歌い出しの「ユウ・アー・マイ・サンシャイン・マイ・オンリー・サンシャイン」は耳底にこびりついた。

青空学校での式典のあと、米高官は小柄な彼女を抱き上げて先にジープに乗せた。アメリカでは高官といえども「レディ・ファースト」の作法（米国開拓時代、女性人口が少なかったため受け継がれた習慣）を見せつけた。

はじめて真紅の口紅をつけた沖縄女性を見、コケティッシュな英語のラブソングを耳にしてアメリカとはやはり異文化の国だとの初印象をうけた。

比較的自由主義だったわが家でも「男尊女卑」の観念は根強く、父や兄弟を特別扱いする母の態度を見慣れていたため、米高官がその沖縄女性をもてなす仕草を目のあたりにし、表向きの女性優先になにかくすぐったいものを感じた。

米軍占領後、「アメリカ・ユー」世替りの前哨であった。

太平洋戦時中、日本の心理作戦として「東京ローズ」のラジオ番組があり、その番組は米兵たちにホームシックをかりたたせ、戦闘志気を弱めさせる意図の甘い英語放送があったという。その甘い宣伝嬢の名を「東京ローズ」と名付けていたことを米国へ来てはじめて知ったが、その沖縄女性は「東京ローズ」とは逆に「オキナワ・ローズ」であったように思う。

彼女は英語が話せたので、羽地田井等の米軍のスーパースター的存在だった。彼女を乗せたジープが我部祖河の青空学校を後にし、真夏の田圃道を砂ぼこりを吹きあげて去った日を、二〇〇六年九月二十日に「東京ローズ」の死去のニュースで連想し、この思い出を書き加えることにした。

ちなみに「東京ローズ」こと、戸栗郁子、米名 Iva Ikuko Toguri D'Aquino は一九一六年米加州生まれ、父の郷里四国訪問中、太平洋戦勃発、日本で足止めされてＮＨＫに就職、「東京ローズ」の匿名で米兵向け英語放送係になる。戦後帰米して、国賊罪に問われ、軽犯留置所に六年間拘留されたが、日系人や他の団体の請願で、一九七七年フォード大統領の恩赦で出獄、シカゴ近郊の老人ホームで二〇〇六年、享年九〇で死去した。

我部祖河の青空学校の通訳女性を思い出し、私が「オキナワ・ローズ」と名付ける。終戦直後の忘れられない人物の一人である。

玉音放送に涙と安堵

我部祖河の民家に収容されたとはいうものの、雨天の時だけ軒下の半畳縁側で雨宿りし、晴天の昼夜は竹林での露天生活が続いた。さらに食糧不足が祟り、私は栄養失調で衰弱したのか原因不明の高熱にかかった。当時医師もおらず診断を受けることもできず、母はどこからかヤブ医者を連れて来て、「高熱は瀉血をすれば下がる」と原始療法のブーブーをはじめた。ヤブ医者はカミソリを私の背中に一、二刃切りつけたようだったが、「この子は血が出ない。血液不足だ」といって瀉血をやめてくれた。私は切られずにほっとした。

私が原因不明の高熱で唸っていた頃、一九四五年八月六日に広島、続いて九日に長崎に原爆が投下され、日本国は米英連合軍に無条件降服をせまられ、遂に同年八月十五日、天皇による敗戦勅語が放送されたのである。

広島や長崎に原爆が投下されたことについては占領下の沖縄に伝わらなかったが、天皇の終戦宣言は米軍の中継放送で流されたという。

その日、母が「これで戦争は終わった」と竹林の中でぽつりと呟やいていたことは憶えている。天皇詔書発表やポツダム宣言を機に、これまで人々は収容所生活になんの目的意識もなく、ただ生存するためのあがきの日々であったが、「終戦」と聞いて自分の行き先をどうすればよいか、未来を模索する姿勢に変わった。敗戦の悲しみや苦しみは沖縄ではすでに経験していたので、敗戦宣言は公的な事実として受けとめ、むしろ安堵感があった。と同時に明日への不安と期待が交錯した。

これまで父は家族八人の食さがしや生活の一切を母ひとりにまかせきりだったが、「終戦」の報にやっと戸主として動き出した。

豚舎を住居に

「終戦」と聞いて父は羽地振慶名の学校に教職をさがし、そして学校の近くに戦災を免れた富裕な屋敷内にコンクリート建ての長屋の豚舎を見つけた。

その家は外国帰りが建てた大きな瓦ぶきで、母屋はすでに占拠され、豚舎はＤＤＴで消毒され衛生上安全だとのことだった。

選り好みのできる情況ではない。私たち家族は竹林からそこへ移った。我部祖河の露天生活に比べ、風雨を凌ぎ家族八人が床を並べて寝れるスペースがあるだけでも助かった。

その屋敷は羽地街道に面し、米軍トラックやジープが頻繁に往来し、交通の騒音が絶えなかったが、我慢するしかない。

その街道を隔てて向かい側に有刺鉄条柵に囲まれた田井等カンパン（捕虜収容所）や戦争孤児院があった。

当時、羽地田井等は北部の暫定首都に昇格し、戦後の行政、教育の中心地になった。

マラリアと戦争孤児院

羽地田井等の豚舎に引っ越して間もなく、私はまた病魔に襲われた。

我部祖河の露天生活中、原因不明の高熱症から一時回復したかに思えたが、豚舎に移って、今回は病状が変わっていた。

朝起きて二、三時間は体調は平常だが、十時ごろから気分が悪くなり、寝床に横たわっていると十一時ごろ急に悪寒がしてブルブル震え、北極にでもいるような寒冷で震えが治まらず、家族のありったけの寝具をかぶっても寒気は治まらない。弟たちや姉に寝具の上に馬乗りしてもらってもなお震えは止まらなかった。

極寒症状が一時間ほど続き、震えが治まったかと思えば今度は高熱で汗だくになる。日中病床で唸っていても、夕刻には高熱がひけて平常の気分に戻った。食欲はほとんどなかった。夜になると日中の激しい症状に疲れ熟睡した。朝が来れば、また同じ症状を繰り返す二十四時間サイクルのマラリア疾患であった。

終戦当時、沖縄本島や先島でマラリアが猛威をふるい、多くの犠牲者が出たことは周知の事実。その病源について米軍が菌を播いたのではないかとよく耳にしたが、米軍の太平洋戦戦記によると、フィリピンやガダルカナル島など南洋諸島で戦闘中、六万人がマラリアに罹り入院あるいは死亡したという。

ガダルカナル島では日本軍の四分の三（三万六千人）が戦死、うちマラリア疾患による死亡者が九千人にのぼったという。そうした記録をみると、米軍が沖縄上陸の際、計画的に病菌を散布したとは思えない。元来、熱帯性感染病であるマラリアは南洋諸島経由の船舶や軍官民の往来によって持ち込まれた可能性が高いように思う。

とにかくマラリア病原菌を媒介する蚊がどこからやって来たのか不明だが、終戦直後、羽地でもマラリアが蔓延し、重病の私を含め、私たち一家も被害者であった。

連日、マラリア病で唸る私のために、母はカンパンの衛生係から「キニーネ」という黄色い薬をもらって来たが、私はにがい薬を呑み込めなかったため、薬品治療ができず、ただ自然治癒を待つしかなかった。

そうした苦しい闘病中、夕刻高熱が治まった後、夕凪のように気分がよくなると、コンクリート豚舎の屋根（ベランダのようになっていた）にのぼり、夕涼みをすることがあった。その豚舎の屋根は街道から二階建ての高さにあったので眼下に向かい側の孤児院の裏庭がよく眺められた。

夕刻米軍トラックが国頭方面の遠征の帰途、孤児院の子供たちがトラックに手をふって「ギブミー」「ギブミー」と声をあげると、米兵たちはチョコレートやチューインガム、レーション用の缶詰などを投げ与えていた。

道路から高台にあるこちら側には目もくれなかった。群れをなす孤児院の集団パワーが効を奏し、お菓子や、食べ物はいつも向かい側、私たち兄弟は向かいの子供たちを羨むばかりだった。そうした私たちに気づいたのか、ある子供はレーション缶のバターやチーズを選び出してこちらへ投げてくれたが、食べつけないバターやチーズは私たちも嫌いだった。

その戦争孤児院は昔風の赤瓦の広大な民家で、裏庭に井戸があり、そのわきに長い洗濯洗面場があった。物干し線には清潔そうな洗濯物が干され、子供たちは日中楽しそうに遊び回っていた。食べ物も事欠かないとみえ、健康そうに見えた。

豚舎の屋上から元気に遊び回る子供たちを眺め、戦後の貧困とマラリアに悩まされていた私は、戦争で親を失った孤児なのに羨ましく思ったものだ。

当時、田井等カンパン、特別地域に収容された人や、米軍に協力的な親米者は特別な配給物資があったが、一般の民間人は日々の食に米軍の廃物場から食べられそうな缶詰をあさって生きのびていた。食さがしに奔走していた母は特別難民地域に住む元那覇辻の女性が着物を欲しがっていることを聞きつけて、旭川の壕から回収した姉良子ゆずりのちりめんの羽織りや着物と、米軍のメスホール用の大きなハム缶と、物々交換をして飢えをしのいだこともあった。

私のマラリアとの闘いはどれくらい続いたのか日数は記憶にないが、ある日、母が振慶名の田んぼの畦道からヨモギの葉を摘んで来て粥を作ってくれた。

連日続くマラリアで食欲不振が祟り、体力衰退、ほとんど骨と皮にやせこけていた私にとって母が作ってくれたヨモギ粥は命の糧であった。その後食欲旺盛になり、徐々に体力が回復し、マラリアの二十四時間サイクルもいつのまにか消え、私は救われた。

病気回復と時を同じくして、私たち家族はまた移転することになった。父が羽地に収容された南部の疎開者の集団引率団長として、米軍による一部解放地、大里村目取真へ移動することに決まった。

第六章

激戦の爪跡

南部大里へ集団移動

一九四五年十一月頃、羽地の難民収容（七万四千人）も限界に達していた。そのため米軍や田井等市長に南部町村への帰還を早めてくれるよう要請したところ、米軍の禁止区域外の大里村目取真への移動が許可された。

与那原出身の父は南部の戦場で行方不明になった両親の身元確認のために、できるだけ与那原に近い解放地の大里村目取真を選び、その地域の疎開者を集めて集団移動の引率団長になった。当時、港町与那原は占領軍の海軍基地になっていたため、民間人の立入禁止になっていた。

集団移動の日、少ない身回り品をまとめて米軍トラックを待った。南部移動希望者はおよそ四百人、大型トラック七台に分乗し、約三ヵ月間住んだ羽地をあとにした。トラックは森や丘陵農地のある伊佐川を通り、まだ禁止区域になっていた名護の町に入った。往時の繁華街はほとんど焦土と化し、見知らぬ荒地に変貌、名護の七曲りだけは昔と変わらず右へ左へと曲線道路。砂塵を噴き上げつつ急カーブにさしかかるとトラックは大揺れになり、その度にトラックの柵にしがみついた。

何時間走り続けたのだろうか。長い旅に思えた。それでもトラックの乗客は生きて再び自分の故郷へ帰れる喜びと、戦火の中離別した肉親や親せきの安否を気遣い、不安と期待を抱えた旅であった。

中部から南部にかけてどこを向いても砲弾の爪跡、焼けこげた樹木や掘り削られた丘陵が目につき人家はほとんど見あたらなかった。荒涼とした焦土をトラックは走り続ける。

このトラックの目的地の「目取真」というところも私たち家族には見知らぬ地で、何が待ち受けているのか多少危惧はあったが、田井等の豚舎から抜け出せただけでもある希望が沸いた。

羽地から目取真までトラックで一日がかりの旅だった。夕刻「目取真」という昔の農村に到着した。目取真も人家は全焼し、ガジュマルの老樹や石垣、石畳の小路だけが往時の面影をとどめていた。

日暮れ時、トラックから降ろされ、あたりを見渡すと、ヒージャーヤーのような茅ぶき小屋が建ち並んでいる。先発隊が建てたにわか家屋で屋根も壁も茅でできている。昔の山羊小屋である。それでも向寒の風雨を凌ぐだけの仮小屋一棟につき、各々親せき同志二家族が住まうように配置された。私たち家族は夫が東風平出身の山城悦子家族（母の従妹）と同居するようになった。

私たちの仮小屋の屋敷は村の旧家跡らしく屋敷の前隅には樹令二百年くらいの大ガジュマルが生え、石垣の囲い塀、ヒンプン門から表にかけて石畳が敷かれていた。

その屋敷から向かい側に小高い丘があり、その頂上は平らになっている。よく見れば、広場の中央に錆びついた圧搾機が昔を物語るかのようにさびしく居坐っていた。この丘は目取真集落のサーターヤー跡地と分かり、「沖縄いたる所サーターヤーあり」の感を強くした。製糖がどの農村でも基幹産業であったのだ。

目取真も田井等と同様、近隣町村の難民の一時収容所のようなもので、大多数が地元の人ではなく、与那原や佐敷、東風平、玉城の人たちが自分の郷里が米軍から解放されるまでの暫定収容所であった。

茅ぶき小屋へ移動して来て間もなく、妹・翠が夜中ひきつけを起こし、母は翠の呼吸回復に慌てふためき、つけた灯油ランプを横倒しにして、茅の土場敷きに引火し、さらに茅壁にも燃え移った。一つ屋根下に眠っていた山城一家九人、私たち家族八人が一斉に起きて消火に当たったため、ボヤ程度ですんだ。翠の呼吸も危機一髪のところで回復したが、当時目取真で茅ぶき小屋の火事が相次ぎ、難民の苦労は絶えなかった。

日中、他隣村人は禁止令を破って自分の元の屋敷の確認に遠征していた。徒歩で行ける距離に移動して来て、わが屋敷を確認できたことだけでも心の支えを得たようだった。

父も目取真へ来て積極的に学校開設に乗り出した。幸い、目取真収容地域の米地方行政官に県系ハワイ二世のトム・上地さんが赴任して来た。彼は日本語が通じ、交渉がしやすく直ちに村はずれの農地にテント校舎を建ててもらい、父は教頭になった。といっても通貨のない時代で給与はなく、生活は配給物資に頼るしかなかった。そこへ祖父母のもとで養育されていた長姉・住子が家族に合流し、一家は九人に増えた。

姉・住子との再会

南洋諸島サイパンやパラオなどの陥落で戦局が悪化する中、本土への学童疎開や都市地区の住民が山林の多い北部へ疎開がはじまった。

与那原は首都那覇や首里に隣接し、敵のターゲットになることを恐れて、父は祖父母と住子をやんばるに疎開するよう勧めたが、「年寄りはどこへも移りたくない。死ぬなら自分の故郷が一番」と頑固に断り続けた。

男女双生児として生まれた姉・住子は出生と同時に祖父母にひきとられ、祖父母は住子を自分たちの老後の世話をしてくれる孫娘として可愛がっていたため、住子も祖父母を慕って与那原に留まった。

一九四五年四月、米軍が沖縄本島に上陸を開始した際、祖父母と住子は海に面した、与那原から内陸の嶺井あたりまで一緒に逃げ迷ったが、爆撃が激しくなり、壕から壕へ逃げ回ることに高齢のため体力に限界が来た。

一九四五年五月二十日、住子にとって忘れられない日である。その日住子が近くのサトウキビ畑の中へ用足しに壕を出たところ、祖父母が避難していた壕に砲弾が直撃し、壕は一瞬にして壊滅し、祖父母は露のように消えてしまった。住子は閉ざされた壕の前でただ茫然とした。身近に誰一人肉親のいない十三歳の少女は戦場で天涯孤独になった。これから先どうすればよいのか、壊滅した祖父母の壕を眺め、泣くにも泣けず、放心状態で立ちつくしていた。そこへまた砲弾の音がした。その爆音にわれに返り、とにかくその場から逃げるしかないと気をとり直してあてもなく内陸へ内陸へと逃げ回った。

その間住子は様々な悲惨な場面に遭遇した。ある壕では乳児の泣き声に他の避難民が「敵に知られる」との苦情に母親が壕を出て、おしめで自分の子を窒息死させ、その遺体を二日間背負い続けていたこと、ある民家に避難中砲弾で腹部をえぐられた中老の男の最期を看取ったり、知り合いの若い女が爆風で石垣の下敷きになり即死し、逃亡を続けている中に摩文仁の壕に到着、そこで多くの負傷兵の地獄絵を目撃し、生きた心地がしなかったという。姉は南部での戦争体験についてあまり語ろうとはしなかったが六十年後老齢に達しはじめて子や孫へ自分の体験を「平和への願い」として書き記している。

そうした過酷な南部の死線を越えて、姉は私たち家族が目取真に移動後、家族と再会しはじめて同居するようになった。

住子は出生後祖父母に養育されていたため、大勢の兄弟の中にいきなり飛び込み、何かなじめない違和感と疎外感に悩んだように思う。それでも生来、楽天的性格でどんな苦境にも耐え得る適応性と生命力を備えていたので、兄弟間の疎外感にも対応し、家族に溶け込むように彼女なりに努力を続けたようだ。

他の兄弟たちは父母の職業柄、転々と移転する生活をし、人とのつながりが暫定的で地域への所属や連帯感に欠けた面があったように思う。そうしたメンタリティから母を中心とする人間関係や兄弟関係が形成され、排他的な面が強かったために、突然飛び込んだ佳子を受け入れない固い壁がはりめぐらされていた。

母にしてみれば、同じ自分の血を分けた子供として同等に愛したが感受性の強い七人の兄弟間には母の愛情をめぐり心理的争奪戦が絶えなかった。

佳子は他の兄弟からよそ者扱いをされていることを意識して、進んで母の助けになろうと努力した。母は名護生まれで南部の土地柄に疎かったので、南部一帯の戦火を潜り抜けた佳子が先頭に立って食糧さがしに野畑に出かけた。私も姉に追いて行き、砲弾で掘り削られた窪地の端にすがりつくように生えていた芋蔓を見つけ芋掘りをしたり、芋の葉が青々と生い茂っている場所を掘ればしゃれこうべが出て来てびっくり仰天したものだ。当時南部では砲弾穴と人骨はどこにでも見られる戦争の爪跡であった。

人骨詰まる木箱の山

薄ら寒い初冬の日のこと。目取真界隈は大勢の収容者が近くの野畑の食糧あさりですでに芋やカボチャ、冬瓜などは見当らなかった。それで知人や同郷人が芋掘り部隊を組んで、禁止区域にも遠征することがあった。禁止区域に入れば、米軍に掴まるか、あるいはレイプの危険があった。そうした危険を冒してでも生きるためには食が必要である。

私たちも禁止区域になっていた東風平近くまで遠征した。大里、東風平など南部一帯は高い山はなく比較的緩やかな丘陵が多く、樹木は戦火で焼かれ、戦火の跡に根強い茅草が繁茂していた。その丘陵もあちこちに砲弾で打ち削られたり、農地も砲弾の穴だらけ、不発弾や破片が散乱していた。

私たちは恐る恐る禁止区域の東風平の境界あたりに近づいた。そこに人里離れたヤードゥイの一軒の民家の焼け跡が目に入り、人家の近くには大抵野菜畑があると見込み、その屋敷へ近づいた。石垣に囲まれた屋敷内には爆弾でへし折られた木一本、家屋の焼け跡には雑草が伸び放題、その中に錆びた釜や缶などが散在していた。すると、戦火の跡にしては珍しく木箱が石垣の上に積まれている。一体なんだろうと好奇心が沸き、その木箱の山に近づいた。箱の中をのぞくと、箱の中は宝物ではなく白骨化した頭蓋骨が無造作に詰められているではないか！　みなびっくり仰天した。よくみると、髑髏《どくろ》に日本軍帽を被せたものもあった。米軍の悪ふざけだったのか、あるいは民間人と区別するためのマーカーだったのか知らないが、これほど多くの頭蓋骨が一カ所に集められているのを見て驚愕し、野菜さがしをやめて、一目散に目取真向けて逃走した。

手ぶらで帰るにはしのびなく、帰途背丈ほども伸びた草ガヤの茂みの中にツワブキを見つけて、その柔らかい葉を摘んで青菜代わりに持ち帰った。

初冬の日差しに黄色のツワブキの花が咲いていた。戦中、明日の命も定かでない環境の下で野花さえ見る心のゆとりがなかったこの一年間、叢に小さな星を集めたようなツワブキの花房を見つけ、この過酷な戦場跡にも春の近づきを感じた。

激戦の跡生ま生ましくも髑髏《しゃれこうべ》
野山に還るツワブキの花

大里小学校開校—はじめてのクリスマス

大里村目取真へ集団移動して来て間もなく、羽地出身県系二世トーマス・上地さんが地区行政管理官として赴任して来た。その頃すでに知念にアメリカ軍政府が設立され、日系米人通訳が地方行政にあたり、戦後の復興がすすめられていた。

最近、米公文書館で判明した文書によると、一九四五年五月沖縄上陸後、三十四人の日本語通訳兵が従軍し、彼らは日本語だけでなくウチナーグチも話せる県系人がいたとのことだが、トム・上地さんもその一人であったようだ。（二〇〇六年八月六日付琉球新報ホームページより）

彼は両親の同胞であることを意識してか、目取真の集団移住者の要望にこたえ村の建て直しに奔走し、住民から信頼を受け、特に若い年頃の女性間に人気があった。

彼は行政管理の任務のない週末にはポマードをつけた前髪を高くポーポー型に巻き上げアイロンのかかったアロハ・シャツに折目正しいズボンをはき、やせ型のおしゃれな若い通訳兼行政官だった。

彼が集団住宅地や学校視察にやって来ると、子供たちは「トム！」「トム！」と駆け寄り、まるで俳優トム・クルーズのような人気者だった。一方、若い女たちは彼のハートを射止めようと、「椿姫」のカルメンのように、前髪やこめかみにピンカールをするおしゃれな人が増えた。当時パーマ髪のない時代だったので、南洋帰りの女性たちの間でピンで巻き毛をする髪型が流行っていた。

人気者のトムさんのおかげで、大里小学校開設のための資材やテントの入手、さらに文房具も配られ、テント教室がはじまった。校長には年輩の地元出身の上里先生、父は教頭になり、母も教職に戻った。

開校まもなく、クリスマスがやって来た。

戦前キリスト教について全く教えられていない学童に、米軍が持って来たキリスト生誕の祝日「クリスマス」が戦後沖縄に普及し始めた。

まだ激戦の跡が生々しく残る南部の一角、目取真でも開校祝いを兼ねてクリスマス学芸会が催された。

はじめてのクリスマスとあり、にわか舞台で英語の聖歌「サイレント・ナイト」の合唱や、山城悦叔母の継息・興一郎がアメリカの歌「ガッド・ブレス・アメリカ」を英語で歌い、出席した米軍将校を喜ばせた。

テント教室には小さな黒板もあり、クリスマス・プレゼントに米軍から配られたノートと鉛筆で、はじめてアルファベットを習った。母も教職に戻り、四年生の私の担任になった。母が黒板にアルファベットの活字体の大小文字、草書体の大小文字の四種類を板書し生徒はノートに写し取り練習した。母の授業ではじめて母がアルファベットを知っていたことを知り意外であった。これまで英語の文字について家庭で全く知らされていなかったので内心驚いた。帰宅してそのことを訊ねると、母が東京で日本女子高等専門学校（現昭和女子大学の草創）国文科に通学していた頃、隣の英文科クラスで外国人教師の授業をのぞき見して覚えたという。

母は若い頃、欧米文化に憧れたと見え、わが家で「パパちゃん」「ママちゃん」と呼ばせていた理由が分かった。

太平洋戦争開戦後一九四四年頃まで「パパ」「ママ」と呼んでいたが、名護に住む母の姪米子が、「おばさんの子供たちに『パパちゃん』『ママちゃん』と英語まじりで呼ばせるのはよしたほうがよい。いまはどこにも憲兵の目が光っている。英語まじりのことばを使ったらスパイと思われるよ」との警告を受け、通例の「お父さん」「お母さん」に変更させられた。日米戦が激化すると、欧米文化廃止の風潮が極限に達し、そうした些細なことば遣いにも言語管制が布かれた時代であった。

これまで呼び慣れた「パパ」「ママ」が使えなくなり、「お父さん」「お母さん」に替えた当初、自分たちの親でない感じがして、その呼び方に慣れるのに時間がかかった。

米軍占領下に入り、英語を知る者が、特権優遇を受ける時代になると、わが家の「パパ」「ママ」の呼び方も「そのままにしておけばよかった。お母さんも英語を学んでいたらよかったのにねぇ」としばしば冗談の種になったものだ。

話が脱線したが、大里小学校は集落のはずれの農地に開設され、島尻一帯に見られるねずみ色の粘着性土質であった。雨天の日、運動場を横切りテント教室に到着するまでには靴や裸足の裏には粘土がへばりつき、雨を凌ぐテントの下もぬかるみだらけ、まるで田んぼのようになった。

十・十空襲にはじまり、山中疎開、さらに米軍上陸と長い山中避難生活、田井等でのマラリア疾患で満一年の学業空白を抱えていたが、目取真で学業が再開し、そしてアメリカ世替りで新しい知識に飢えていた私は学ぶ意欲に満ちていた。

第七章

首里

焦土化した古都首里

大里小学校が開校し、テント教室が次々に建てられたことで、児童・生徒はやっと通学が日課になったが、目取真での食料・燃料さがしの生活が続き、母は九人の家族をかかえて日々の苦労が絶えなかった。

私たちが目取真へ来て間もなく、首里も解放され一九四六年四月、元県立第一男子中学校跡に首里高等学校が開設されることになった。そこへ沖縄文教局の安里延氏から首里高校の教職への勧誘が舞い込んで来た。

目取真の生活に先が見えず、父母にしてはどこかへ移るチャンスとばかり、首里高教職に飛びついた。それに父は、首里高は母校一中跡ということもあり、若き日の首里への郷愁もあって期待感と熱意が沸いたようだ。

半年間すごした目取真の茅葺き小屋を後にし、私たち家族はまた米軍トラックに乗った。

トラックは荒廃した戦場の野や丘陵を縫って、ガタガタ道を一時間半ほど走り、南風原から首里の丘に登った。南部田舎の戦場跡に比べ、人家が密集していた首里は、石垣や家屋の瓦礫が目についた。瓦礫に覆われた町並みにひびだらけのコンクリートの街道だけが往時の都のしるしであった。

私たちが到着した場所は首里城下の当蔵であった。龍潭池の近く、元首里警察署の真向かいの小路を五、六軒中へ入った屋敷で、真新しい米国資材のベニヤ板やトタン屋根の規格住宅があてがわれた。当時首里も仮設住宅の茅葺き家が建ち並んでいたので、トタン屋根は高級住宅に属していた。家族だけで一軒家に住めることになり、首里へ引っ越して来てよかったと家族諸共胸をなで下した。

終戦間もない首里の市街は当蔵の目抜き道路に首里キリスト教会のコンクリートの十字の塔を除き、どこを向いても瓦礫の山、首里城も爆弾で集中攻撃を受け、御殿の形跡は抹消されてわずかに城廓の石垣だけが城の面影をとどめていた。

「これが昔の琉球王府の姿か」と灰燼化した首里城を見て、戦争の破壊力にただ脅威を感ずるばかりだった。

戦前、私が瀬底校二年生の夏休み（一九四三年）に父母が夏季講習のため上覇した際、私も同行し、講習最終日だったか、母と一緒に首里城見学をした記憶がある。

戦前の首里城追憶

一九四三年夏、円覚寺から園比屋武御嶽、守礼門にかけてアカギがうっ蒼と茂り、蝉が真夏の暑さをいっそう煽り立てていた。石灰岩で構築された城壁、古ぼけた広大な建物（正殿）や迎賓館、書院など、暑さの中をただ物珍しく粛々と母の後について城内を歩き回った。当時、首里城は長年ほとんど修復がなされず廃墟同然であった。

北の殿だったか、そこは博物館（納屋）のようなものがあり、その中に入ると、外の暑さに比べひんやりとし、電灯はなく自然光が薄暗い広い室内に差し込んでいた。一歩屋内に足を踏み入れると老朽化した板床は足を運ぶごとにキューキューときしみ、床が落ちてしまいそうに思えて、訪問客は慎重に歩いていた。

王府の祭事行事の様々な小道具が並べられているようであったが、王様や冊封使の行事に使われたと思われる赤、白、黒の旗頭が中柱に立ち並び、クモの巣やほこりで色褪せた感じだった。特に私の記憶に焼きついている物は、王様のみこしだった。廃藩置県（一八七九年）以来、六十四年間、恐らくその博物館に眠り続けていたであろうか、金銀箔や漆塗りがはげ落ち、しかも木喰い虫の喰い穴だらけで、見るからに「昔の栄華いまいずこ」の感であった。特にみこしは沖縄の村はずれでよく見かけた龕《ガン》を連想させ、まだ子供であった私にはみこしと龕の区別がつか

首里城の影映ゆる龍潭池

ず、薄気味悪く感じた。

それに他の展示物も琉球王国の歴史的貴重な文化財であったかもしれないが、館内のクモの巣やほこり、カビ臭さ、薄暗さで幽霊屋敷を思わせ、母に「早くここを出ようよ」と催促した日が甦る。

廃墟の惨城

首里城見学から三年、終戦一年後に首里へ来てみれば、首里城は爆弾によって昔の琉球王国の最後のシンボルが立ち消え、全く荒廃した惨城に変貌していた。あの緑豊かな城の周りも灰燼化し、円覚寺から首里城への坂道わきに、王様の往来を見守ったであろう樹令四百年くらいのアカギの大樹が爆弾で無惨にへし折られ、その樹幹一本だけが残っていた。

首里に住むようになって、戦争の荒地をよく歩き回った。

円覚寺の門柱や木彫りの鏡板などが、戦争の過酷さを物語るかのように散乱していたが、元首里や那覇の住民帰還者が増えるとともにくらしに必要な燃料さがしの競争で、あらゆる木片、木板類が回収され、首里城下のあの大樹のアカギもいつの間にか姿を消した。城壁の石だけは無用の長物のように誰も手をつけなかった。物の哀れを感じさせた。

一九四六年、那覇はまだ米軍の禁止区域であったため、多くの那覇人が一時首里で解放を待って集団生活をしていた。

死の沼――龍潭池

首里城下の龍潭池は戦前、濃緑のアカギの大樹に囲まれ城影を映す水面に薄紫のホテイアオイなどの水草が浮かぶ閑静な環境で、人々の憩いの場であった。その池はもともと中国の冊封使一行を接待する目的でつくられたという。龍潭池は首里城の龍樋から流れ出る清水を象徴して名付けられたという。

太平洋戦局が悪化し、沖縄上陸の可能性が高まり、首里城地下に日本軍司令部が設置されていたため、首里城は米軍上陸前、激しい艦砲射撃や空爆に遭い、城郭は無惨に焼却、古城の面影は永遠に消滅、周辺の豊かな照葉樹も立ち消えてしまった。

終戦一年、私たちが首里へ移転して来た当時、龍潭池は池としての形はそのままとどめ、青い濁水にホテイアオイが密生していた。

私は元首里城西側の城西初等学校（一九四六年改称）五年生になった。当時学校といっても施設がなく、テントや茅葺教室を建てる作業中だったため、各学級は近くの空き地に分散し青空教室が行われた。

私たちのクラスは龍潭池のほとり、元沖縄師範学校の焼け跡の一角で担任の石川先生が小さな板切れに二桁の掛け算、足し算など問題を板書し、私たちは小さな紙切れに答えを書いて先生に見せる授業であった。誰が早く答えを出すのか競争であった。

先生が板切れに問題を書き終えたと同時にわれ先にと先生に紙切れを出して、先生を驚かせた。その一方、家に誰も子守りをする者がなく、私は妹・翠を青空教室に同伴していた。共働きの家庭ではそうせざるを得ない時代だった。

龍潭池端に文化財

その青空教室のわきに、当時すでに昔の文化財収集をはじめていた仮小屋か、あるいは商業骨董品店だったのか知らないが、小さなトタン屋根下に石や陶製の厨子や灯籠、その他陶器類や石彫などが並べられていた。特に陶製厨子には竜形をあしらったものや精巧な図柄が珍しく、授業のあと、雑然と並べられた骨董品を見て回った。その小屋の係によると、厨子には陶製や土製、各々の門中や社会的地位、階級、さらに大人と子供用の区別があり、図柄はそれによって異なるとのことだった。その露天店は斜向かいの元中城御殿跡に建った首里博物館、さらに県立博物館の草分けだったのか？　遠い異国でいまもって疑問に思う。

火玉

龍潭池にまつわるもう一つの戦後談。

一九四六年四月、元一中跡に首里高等学校開校まもなく、姉・住子が学校で聞いた話に、夜間龍潭池の畔を通ると、人の唸き声や火玉（遺念火《イニンビ》）が飛び交い不気味だという。戦時中、首里城地下に日本軍司令部があったため米軍との激しい交戦で多くの兵士や学徒隊、民間人が殺され、池に飛び込み自決があったという。そのため、龍潭池に多くの人体が投げ込まれ、池底に埋まっており、夜になると火玉となって空中に霊が現れるという。

その話を聞いて、龍潭池から僅か一〇〇メートル離れたわが家から夜空を見守っていると、シューと火玉が上がるのが見えた。私は一個見たように思ったが、住子は「あれ、あれ」と二、三個見えたという。沖縄の迷信に火玉がよく見える人には祟りがあるとか、「サーダカムン」と呼ばれ、特殊な霊感のある人にしか見えないといわれたが、火玉は霊ではなく人骨に限らず燐含有の物質が酸化する化学反応による現象であることを後年知った。

だが夜空に火玉がシューと花火のように空中に消える現象を見て、戦争の犠牲者たちが戦争を忌み世をはかなみ、空中をさ迷っているようで、恐ろしいような、哀しいような妙な気持ちにかられた。夜空に龍潭池から上がった遺念火の怖さも忘れて、日中の池面はホテイアオイが密生し、何事もなかったかのように穏やかで、私は妹を連れて元中城御殿の石垣や池端で、首里高勤務の母の帰りを待つのが日課であった。

当時、首里—那覇一帯は焼け野原、視界を遮ぎる建造物がなく、龍潭池の畔から那覇やはるか海原に慶良間諸島が見渡された。

島影を映して沈む夕日、眼下の那覇や首里城周辺の荒廃とは対照的に平穏で、心がなごむひときであった。（その頃は、慶良間の強制集団自決の惨事は知られていなかった。）

少女小説の奪い合い

戦後、城西初等学校開校当時、校舎がなく焼け野原に分散、青空教室を行った後、茅ぶきとテントの混合校舎が建った。

私は当蔵から龍潭池ぶちを通り通学したが、龍潭池ぶちに爆弾で陥没した大きな窪地があり、そこを通る際には池へ足を踏みはずさないように気をつけて通ったものだ。

学校敷地は首里城への西側街道の傾斜地で石灰岩の台地になっていた。戦前は恐らくアカギやデイゴが生い茂る閑静な環境であったであろうが、当時は一本の木もなく、陽が高く昇るにつれて石灰岩に照りつける反射熱でテント教室内が蒸れるように暑くなった。それでも学校があるというだけでも、学童の日課が復活し、平常の生活に戻れる希望と安心感があった。

そこへ一九四六年九月頃から、戦時中九州へ集団疎開した学童がぼつぼつ帰還し、クラスに新顔が増え出した。

集団疎開については、戦局が悪化し沖縄上陸の可能性が高まった頃、父母も瀬底校学童疎開を考慮したようだが、母の姉が一九四三年十二月湖南丸で上阪中、米潜水艦グレイバックの魚雷で撃沈され故人になったことや、一九四四年八月、学童疎開船対馬丸の惨事を耳にして「どうせ死ぬなら沖縄で―」と本土疎開を断念した経緯があった。

そうした中、都市地区の那覇や首里から多くの学童が運よく熊本や宮崎に疎開し、沖縄での激戦の苦しい体験を免れ、戦後本土から元気で城西校に帰還した。

本土疎開者が学級に編入して来ると、私たち在留組に期待感がみなぎった。

沖縄で激戦を体験し、全ての持ち物（教材も含め）を失ったばかりでなく、学業期間の損失や心身の成長をはばまれ、学齢に空白が生じていた。戦争による学業の欠乏、空白の格差は長く尾を引くことになる。

在留組は一年間に亘る教育の空白で学ぶことに飢えていた。それで疎開者が疎開先から何を持ち帰ったか興味津々であった。雑誌や小説、印刷物は学びの飢えを満たす心の糧になった。

クラスに新しい帰還者が現れると、「あんたはどんな小説を持っているの、貸して頂戴」と寄ってたかり、われ先にと競争した。カラー刷りの雑誌や挿し絵の入った少女小説は大人気であった。暑いテント教室で口授、暗記暗誦の授業より何倍か興味があった。

同学年の編入生だけでなく、上級生でも最近の帰還者がいると聞けば、授業が終わるのをテントの外で待機して借本交渉をしたものだ。借り手が多いため、一晩限りの貸し出し期限で順番を決め、自分の番が回って来て、本を手にした時、物語への期待感で胸いっぱい。下校の途上からページをめくり、龍潭池ぶちの爆弾穴に落ちないように足元に気を配りながら帰路につき、帰宅後の家事は一切そっちのけで読み耽った。

当時首里では時間給電（午後八時—十時）で、消灯時までに読み終えなければならず、読み終えることができない場合には早起きして読破し、登校と同時に次の順番待ちに、約束通り手渡すことになっていた。したがって皆早読みの競争であった。読み終えなければ、恥であり損をする意識があった。

当時世界や日本文学名作などといった選択肢はなく、印刷物なら何でもよかった。

戦後本土で人気のあった少女小説家北條誠は、私たちの間でも最も人気を呼んだ。「母を尋ねて幾千里、可愛いい万里子のひとり旅」といった無声映画の弁士調の書き出しで、戦争で離別した母娘の愛慕を描いたセンチな小説であった。母と再会できるかどうか幾千里も旅を続ける万里子とともに、ハラハラしたり涙を流したり波瀾万丈の物語に読み耽った。

終戦後読み物に飢えていた私たちは、疎開先から持ち帰った少女小説にみずから戦火を潜った体験を二重写しにして、一種の精神的カタルシスを見出した。また戦争で枯渇した情操教育の起爆剤ともなり、疎開者たちは私たちの少女期に小さな文化革命をもたらしたといえる。

米軍払下品の手工芸

古都首里は廃藩置県（一八七九年）前まで城下町として栄え、伝統的な手工芸、演芸がさかんであった。

一四二二年、尚巴志が中山（浦添）を倒して中山王に即位し、一四二九年三山統一を果たし、父思紹を琉球王にたて、王府を首里に移して中国明朝からはじめて冊封使が渡来して以降、中国、日本、韓国との交易が盛んになると、外交上重要な町となった。王族や士族の衣装づくりや進貢品などの御用達がふえ、王都として盛況を極めていた。特に上流社会では紅型や織物、装身具などの生産、さらに冊封使の接待や宮廷のエンターテインメントに音楽、舞踊、組踊の要望が高まり、芸術の町としても栄華を極めた。

だが一六〇九年薩摩藩侵攻後、海外との交易権や利益が薩摩に握られ、王府の衰退がはじまり、明治維新後の廃藩置県により、政治、経済、商業の中心地が那覇に移ると、王都首里は勢力が減退し、那覇の郊外の静かなベッドタウンに収まっていた。

太平洋戦で敗退を続けていた日本軍は作戦上、首都那覇をさけて、高台に位置する清閑な古城首里城を要塞にして地下に司令本部を掘っていたために、首里は米軍の凄惨な爆撃のターゲットになったようだ。その結果はここで繰り返すまでもない。

終戦一年、灰じんに帰した古都はいち早く伝統的な手工芸品、琉球人形作りをはじめた隣人があった。

私たちが住んでいた当蔵の表通り、首里警察署向かいに茅ぶきの仮住宅が建ち並んでいたが、その一軒で中年の女性三、四人が集まって琉球人形や飾り壁掛けを作っていた。その素材に米軍払下げのパラシュート白布を利用し、人形の頭や手足を作り、どこから入手したのか小模様の琉球絣で着物を着せていた。他に壁掛けは落下傘布を一八センチほどの正方形の布板を作り、九〇度の菱形にして少女小説の挿絵風に大きな黒い瞳に長いまつ毛、小さな花びらの口元にまる曲げの髪型をした少し憂いのある表情の美少女の絵を描いていた。

学校の帰りしな、その仕事場をのぞき、いつか私も美少女の絵を描いてみたいと思った。幼少の頃、父母が田舎教師をしていた時代に副読本の挿絵を見て絵に対する興味は持ち続けていたが、将来の職業としては考えていなかった。ただひそかな願望として胸深くしまっておいた。

当時、名画などに接する機会はゼロで、絵画の鑑賞眼は全く持ち合わせていなかったが、母が首里高生の心の広場として掲示板担当になり、当時新聞やラジオなど情報機関がなかったので、時の動きや生徒の作文、意見、鉛筆素描を集めて掲示していた。その前に母は生徒の作品を家へ持ち帰って検討、その中に現在沖縄の第一線でご活躍中の尚弘子氏の作文もあり、母が「名城さん（旧姓）は優秀な生徒だ。読んでごらん」と示された記憶はあるが、作文の内容については残念ながら覚えていない。

他に生徒自身の左手を写生した鉛筆画が深く印象に残っている。当時私はイタリアの巨匠ミケランジェロの名画は知らなかったが、後年ヨーロッパを旅し、ローマのシスティーン聖堂の壁画「アダムの創造」でアダムの指先と創造主の指先との接点の絵を見るに及んで、首里高生の作品「手」のスケッチが思い浮んだ。その手が「何かを求めている」表情と明暗濃淡のある立体的な画であったと記憶する。

終戦二年目、当蔵にも徐々に店舗が出現、中城御殿わきに名城薬局、池端にテント幕をバックグラウンドにし、でこぼこ土場の首里写真館、下駄屋、米軍払下げ物店、さらに当蔵と赤田の境の小森の下にブラック・マーケットも立ち、復興のきざしが見えはじめた。

特に軍払下げ物資は軍服をセーラー服に更生するやら、厚めの毛布で妹の縫いぐるみの靴やボネット帽、パラシュート布でフリルやエプロンを作って、四歳の妹を生きた人形に見立て着飾ってあげるのを楽しんだ。

男子生徒は夏服として米陸軍のカーキ色の綿シャツやズボン、冬服に濃いオリーブ色のウールのシャツとズボン、女子は米海軍の濃紺のセーラー服にパラシュート布のスカーフをして、学生服とした。はき物は軍靴のサイズが合えばよし、大抵下駄ばきであった。疎開帰りは本土から持ち帰ったズックをはいていた。

払下げ物資の中にはアメリカ婦人の古着もあり、大柄な母は更生せずに婦人スーツに軍艦靴をはいて出勤していた。

戦後の衣服は米軍払下げ品を各々自分の体型に合うように工夫をこらし、徐々に身装いもアメリカ風に変化していた。

戦後衣料や身回り品に欠乏していた時代、軍払下げ物資は学生の制服となり、沖縄の衣生活に果たした役割は大きかった。

名ばかりの男女共学

一九四六年四月、首里高等学校開校当時、父母は教職、兄・修三年生、姉・住子二年生、廸子一年生と、家族五人が同じ校門をくぐっていた。首里高は師範中退、中学中退、学徒勤皇隊員、南洋諸島の引き揚げ者など、戦争、生活、学歴、年齢など様々であった。校舎の敷地は元県立第一中学校跡に開設され、その間、本土疎開帰還者も加わり、学力レベルにも格差があり、教師はそれなりに苦労があったようだ。

元一中の建物は瓦礫と化し、開校と同時に生徒たちはその撤去作業にかかり、焼き残ったコンクリートを土台にテントを張って授業が開始された。

戦前の日本教育の慣例として、生徒数が少ない僻地の学校を除いて、大抵の学校は男女別のクラス編成をしていた。その極端な例が男子中学校、高等女学校である。

戦後の高等学校創立当時、首里でも男女分離クラス編成を徹底し、男子は元一中校舎跡にテント教室、女子は運動場の東端にテント教室が建てられた。校門は一つでも、一歩校門を潜ると、男女別々に東と西の両端に分かれ、女教師は女子生徒のみを教えていた。

全く男女分離、女性偏見の極みである。いわば戦前の男子中学校と高等女学校（その名称にも男女の学問レベルの格差を示す）を同じ敷地に統合したものの、実質的には何も変わってはいなかった。現在からみれば、奇態な高等学校で、「男女共学」は名のみであった。戦後アメリカが提唱した「民主主義」「自由」「男女平等」の理念はまだ実際に施行されず、旧態依然とした教育の形態を維持していたのである。

教師間にもいち早く自由民主主義教育の理念を採り入れた新派組と、昔ながらの皇民軍国主義者の旧派に分裂し、教育方針が確立せず、心理的な摩擦や葛藤が生じて離職する教師や、さらに経済的理由で辞職する人が増えた時期があったという。

当時、沖縄は政治、社会、教育面で混乱の時期にあった。

母輝子の伝記によると、男女分離教育の一例として―

ある日、父（夫）が何かの用事で休講せざるを得ず、母が代講を務めるため、父の担当の男子クラスに向かって行くと、「今日は、イナグー先生がチュウンドウ！」と興奮の声があがり、教壇に立つと、「お父さんの代わりですか」と冷やかしに遭遇したという。中には成人した生徒もおり、見るからに威圧を感じさせたが、気の強い母は「私の父は私が十九歳のときに亡くなったので、今日は夫・新垣毅の代わりにみなさんを教えに来ました」とやり返すと、男子生徒は一瞬にしてシーンと静まりかえった。男子生徒は女先生だから―と軽く見ていたようだが、母が毅然と教師の威厳を正したことで、真面目になり、「石川啄木の話が聞きたい」との要望が出た。母は啄木の不幸な生涯をひとくさり話し、彼の代表的な短歌十首ばかり板書し、作品評などを講義したところ、冷やかし気分の男子生徒もこのイナグー先生と啄木に俄然興味を示し、感動したらしく母が板書した短歌を一生懸命に紙切れに写しとっていたという。啄木の時代や境遇とは異なっていたが、戦争の苦しさや終戦後困窮にあえぐ生徒たちの心に強く訴えるものを感じたらしく、共鳴共感して涙ぐむ生徒もあったという。

そのことがあって以来、イナグ教師に対する偏見の壁が取り去られ、母のように慕う生徒も現れた。多感な青少年期を教えた母の一エピソードである。

演劇で結ばれた師弟愛──首里高第一回学芸会

焼け野原の戦場跡に草木の若芽が萌え出し、町にも復興のきざしが見えはじめた頃、学校でも明るい未来をめざして一年の足跡をふりかえる学芸会が催された。

父は男子三年生を担当し、高校創立第一回学芸会準備のため、放課後演劇のキャストたちを自宅へ招いて配役の話し合いをしていた。父がどういう演劇を考案していたのか知らなかったが、いよいよ学芸会の日が来て、姉・廸子とともに首里高へ行った。

早春のまだうすら寒い曇りがちの日だった。

学芸会の舞台は校門東わきに設置されていた。戦後初の学芸会を迎え、しかも多感な青年初期の男女共学とあって、出演者のみならず、観覧の父兄や生徒たちも期待と興奮に満ちていた。

私は特に父の脚本・演出「暢気な父さん」に興味があり、来賓や同校生徒席の後方から首を長くして観覧した。演劇「暢気な父さん」は戦中、妻子を亡くし、無気力になってホームレスになった中年の男性をまわりのおばさんやねえさんたちが励まし、次第に気を取り戻し、貧苦にあえぎながらも時世をあるがままに受けとり「明日は明日の生き方がある」との楽観的な姿勢に変わり、戦後の苦境の中になにか日射しを見出そうとする主人公を描いた劇であったように記憶する。

学芸会の舞台は当時まだ禁止区域であった瓦礫の那覇市をバックドロップに、敗戦の苦しみから立ち上がる人々の姿を描いた社会風刺劇で、それは実際に目前にする現実を反映し、身につまされたドラマとして好評を博した。

その演劇の内容とは別に当時「男女共学は名のみ」のもう一つの例を記す。前にも書いたが、首里高は一歩校門をくぐると、男女別々に東と西端に隔離され、学芸会も男女別々の演目で舞台に立った。父が演出した劇は男子クラスの演目だったため、出演のおばさん、ねえさん役は皆男子生徒があたり、坊主刈りの頭をタオルでねえさん被りをし、どこからか借り集めた着物にたすき掛けの女形であった。男子生徒が女装で登場したことでも観客を沸かせた。当時、学芸会でさえ男女分離教育が徹底し、女役に女子生徒を起用することができず、男子を女役に振り当てた奇怪な時期であった。

一方、男子生徒が女役を演じたことで、かえって演劇に軽妙なユーモアが盛りこまれ、ドラマアップに成功したともいえる。主役の「暢気な父さん」役に上原新平さんやその他女役に知念績一、渡嘉敷直春、宮城猛諸氏の名演技で第一回学芸会のフィナーレを飾り、父の演出が成功してほっとした。

その学芸会があって以来、生徒間に父を「ノンキな父さん」とあだ名がつき慕われるようになった。(父は家庭でも「ノンキな父さん」の主人公のように生活にあまりかまわない人で、それだけに母の苦労は絶えなかった)

その演出を通じ、出演の生徒たちとの師弟関係が急速に深まった。父はこれまで小学校の学童に一方的に教える立場から、対等に話し合える若い青年との心の交流、反応を通じて教師としての喜びを感じていた。

戦後学校の教育方針が定まらないまま、アメリカが提唱する「自由民主主義」にいち早くめざめた学生たちは教師が何らかの理由で次々に辞職して行く現状に学校管理に対する不平不満と不信感を抱きはじめた。

父が学生との師弟関係が深まる一方、私たち九人家族は米軍の配給物資だけでは足りず、日々の生活は困窮が続いていた。そこで首里赤田にある父の本家の土地を借りて青野菜や芋作りをはじめた。その土地は弁ヶ嶽の近くの鳥堀町にあった。

弁ヶ嶽は首里城東方約一キロの小丘にあり王朝時代、久高島への遥拝所と知念斎場御嶽への遥拝所があり、伝統的な御祈願森として国の文化財に指定されていたが、今次大戦で破壊されて、当時は木々のない禿げ丘になっていた。

私たちが野菜の種まきや芋蔓の植え付けをして間もなく、弁ヶ嶽から鳥堀の農地に南洋諸島や本土疎開者、那覇市への帰還を待機する難民の仮小屋が建ち並び、テント・シティに変貌、畠は踏み荒らされて、農作は失敗に終わった。それに鳥堀の土質は、いわゆる島尻粘土で、雨が降ると、昔の髪洗い粉に似たネバネバした泥んこになり、慣れない農業に手を焼いていた。母は学校と家庭を兼ね、食糧や燃料確保に苦労が続いていた。

そこへ、ある日、辺土名高校の教頭が現れ、「国語教師をさがしているので是非」との勧誘を受けた。それに辺土名高には農園があり野菜類や薪など十分な食料燃料供給があるという。日々家族の食料確保に苦労続きの母にとっては願ってもない条件であった。さらに名護育ちの母は山林のある辺土名は名護に近いこともあり、この勧誘に飛びついた。

だが、一年首里に住みなれ、近所に仲の良い友達ができ、朝夕学校の行き帰り、放課後の遊びをともにしていた同級生の金城弘子さんと別れることに心痛を感じ、私は辺土名行きに不満を感じた。

これまで父母の赴任先で友人ができたかと思えば、また引っ越し、友人との訣別の繰り返し、まるで故郷をもたない根なし草の生活に飽きていた。同じ地に定着し、永続的な人間関係を持つことができない流浪生活に不安と訣別の哀しさが深くしみついた。

戦後の様々な社会、教育の変革期に、首里に移り住んで満一年、父母も教え子たちとの絆が深まりつつあった矢先に、「職」というより「食」を求めて、沖縄の最北端辺土名へ移動することになる。

一九四七年五月、晴れ渡った日だった。

首里高学生スト

沖縄の五月といえば「若夏」、初夏の暖かさが快い季節である。戦争で壊滅した草木にもやっと緑葉が萌えるようになり、沖縄の昔も今も変わらない明るい太陽の下に再生を感じさせる日であった。

父母が辺土名高に転任することになり米軍トラックが私たち家族の移動にやって来た。

その日、ある異変が起きた。

首里高で父の担任クラスの学生たちが、父の突然の転任を聞きつけて、学校側に抗議し授業をボイコットして、焦土と化した首里城丘に結集し、そこから見下ろせる当蔵の私たちの住居に向かって、ワァワァ騒いでいる姿が見えた。白いハンカチや帽子を振っている。私たちは引っ越しの積荷に慌しく働いている最中であった。学生の授業ボイコットと私たちの辺土名移動の日が同時になったのである。父の転任と学生ストがどう関連したのか私は知らなかった。それが偶然だったのか、あるいは意図的な同時即発だったのか、その事件は後年、父の教職歴に長く尾をひく不祥事となった。

母の自伝によると、辺土名高への転任を学生が聞きつけて、母が担当していた学校掲示板に「当校は風前の灯火だ」と誰かが怪文を張り、そのことが教職員間で問題になったという。その怪文は教師が次々に首里高から辞職して行く現状を嘆き、学生たちは「校長が悪いから先生たちは転任、あるいは辞任するのだ」と誤解し、私たち家族の移転の日に不満爆発、授業をボイコットし、首里城跡の城壁にのぼり、ハンカチや帽子をふって別れを惜しんでいたのだという。だが、私たちが首里を発った後、首里高にストライキが広がりスト第一号になったと聞く。

出発の日、母はトラックの上で次の歌を詠んだ。

首里城の城壁高く子ら列び
旅行く我ら惜しみてありしか

春深き首里の学び舎教え子を
いとなつかしむ　辺土名の旅

第八章

辺土名

緑に包まれた辺土名へ

首里城壁から別れを惜しむ学生たちに見送られ、私たち一家を乗せたトラックは一年住みなれたトタンぶきの規格住宅を後にした。一九四五年十一月大里村目取真へ七台の米軍トラックで集団移動した際には東海岸線を通ったように記憶したが、今回は浦添―西海岸コースを通った。沿道はまだ戦火の跡が残る殺伐とした光景であった。中部一帯は米軍基地が陣取り、迷彩色の金網の中にトラックや戦車などがプールになっていた。

一九四六年四月、東恩納に琉球民政府創立、翌四七年中北部の市町村の一部が解放されて、難民が各々の出身地へ帰還し、家屋の復旧、建設や農地の植え付けが再開、活発に復興の槌音が響き出した頃であった。まさに戦火のあとに春が甦りつつあった。

母の郷里名護でもすでに田植えがなされ、フクギに囲まれた東江の旧屋敷は街道沿いを除いては昔の面影をとどめていた。なつかしい母の郷里にトラックを停めることなく素通り、終戦直後収容された羽地田井等の豚舎の前もアッという間にすぎ、羽地真喜屋から源河の沿道の琉球松並木は往時ののどかな佇まい、トラックは北へ北へと砂ぼこりをあげつつ走り続けた。北上するにつれて戦火のかげは消え、絶景の地塩屋湾を見下し、大宜味村饒波に創設された辺土名高校に到着した。

北部は戦禍を免れ若夏の緑が青々と茂り、焦土と化した首里や那覇とは全く別世界のようだった。緑の野山に接し、生命の甦りを感じた。緑の木々や広々と遠くつながる青い海辺で生まれ育った私にとって、やんばるはどこでも古里に思え、安らぎを感じた。当時、僻地の辺土名分校は田井等高校（後名護高等学校に改称）から分離、独立する動きがあり、教頭はその準備に有資格教員獲得に奔走、それが首里高勤務の父母に生活の好条件を並べて勧誘したようだった。

私たちが移転して来て間もなく、一九四七年五月三十一日、辺土名分校は高等学校に独立したとの記録があるが、当時学生ストのいざこざで独立祝賀式はうやむやになった。

到着当時、辺土名校の敷地はまったくの開拓地の観であった。

敷地は段々畑の丘陵を背景に茅ぶき校舎が麓の台地に建ち、数段下った低地に黒砂利と砂が混ざった川床のような運動場、さらに運動場の端に農場があった。玉ねぎやジャガイモ、その他野菜類が栽培されていた。教職員の食料補給のための農業実習地だったようだ。

学校のすぐ近くに校長住宅と、二、三軒の民家があり、その校長住宅の真向かいの一軒に私たちは間借り生活をはじめた。

饒波集落は学校からおよそ八〇〇メートル離れた山間にあって、ほとんどの教職員や遠隔の学生はその集落に間借りしていたが、学校とその集落の間に饒波川が流れ、川には橋がかかっておらず、学校への往復には川中の飛び石を踏んで渡ったり、ズボンやスカートをまくり上げて川渡りをする不便さがあった。いま思えば、実に開拓時代の山間通学風景であり、牧歌的ともいえる。

饒波は北部主要道路から一キロ山間に入った地域で、戦前、恐らく集落人以外あまり外来者がいなかったと思われる。そこに辺土名高校が開設され、教員や学生が移り住むようになって、人口が増え戦後の学生村になっていた。

辺土名高前には、北部幹線道路を隔ててアダンやモクマオウの林、黒砂利の長い浅瀬に続き、大きな岩礁に松やアダンが冠をなして、日本画のような景勝があった。週末に奥間ビーチへ向かう米人家族が車を止めてカメラに納めたり、時には海水浴を楽しむ光景が見られた。

海や山、川のあるやんばるは砲弾や爆弾で荒廃した首里とは対照的で、緑豊かな自然環境に到着当初、安らぎを感じた。

だが、山村の安らぎも束の間、父母に身におぼえのない不祥事がふりかかって来た。

辺土名高の連鎖的学生スト

父母が辺土名高へ転任してまもなく、同校に不穏な動きがあった。事の発端は教師や生徒間の利便性から各生徒の胸に名札をつけさせようと学校側は提案した。当時多くの教員は皇民軍国主義教育を実施してきた旧派だったため、学生の規律、統制には名札をつけさせることが良策だと考えたらしく、教職員会議に諮られた際、父母は学生の意志尊重を考慮して、単純に名札明示に反対した。

学生たちも胸に大きく氏名札をつけることに抵抗し反対した。父母の意見と学生の見方が一致したかたちになった。

学校に通う生徒の名前を覚えることも教師の任務の一つであり、わざわざ氏名を胸に大きく張りつけることは学生の人権にかかわると父母は主張したが、他の教員の多数決で名札をつけさせることに決定した。一見なんでもない些細なことに見えたが、その問題は学生間に波紋が広がった。その頃すでに「自由」や「権利」の思想にめざめた学生たちは「個人の自由の侵害」と主張し、古堅実吉、橋口英明、平良栄子らを主導にストライキがはじまった。

私たち家族が首里を発った当日、首里高で学生ストがはじまり、父母が辺土名高へ転任して間もなく、名札の件で学生ストが発生したため、両校の連鎖的ストの裏には父母が学生を煽動したのだと決めつけ、父母を辺土名へ勧誘した教頭Aが主幹になって、父母の排斥運動にかかった。父母にとっては首里高ストもそれに相次ぐかのように起きた辺土名高ストも、全く身に覚えのない偶然の出来事であったが、教職員会議で「個人の権利」「自由尊重」の意見を述べたことで、学生ストの黒幕だとの濡れ衣を着せられて、父母は窮地に追い込まれた。

今日的に見ると、名札の件も学生の意志を尊重した民主主義の一端にすぎなかったが、当時の旧派教員間には権威侵害、弱体の表れと受けとり、父母は疎外視され孤立状態に陥った。

そうした窮地に立たされていた最中、折悪しく首里高ストの首謀者の上原新平と具志堅政光の両兄が退学処分を受け、父を頼って辺土名へやって来た。父は両君を辺土名高に編入させようと努めたが、辺土名高ストとも絡み学校側に拒否され、両君はしばらくわが家に居候になった。一家は十一人にふくれあがった。

辺土名高転任受諾の条件は住宅、食料確保であったが、住宅は学校のすぐ隣の民家に間借り、食料は姉・住子が放課後に国頭村奥間まで遠征し、お米や芋の買い出しに出かけるなど、わが家のくらしは一向に良くならなかった。そうした生活苦にあえぐ中、辺土名高の学生ストに巻き込まれ、全く身におぼえのない濡れ衣を着せられ、排斥を受けて辞任に追い込まれた。

（註—上原新平、具志堅政光両氏は後日、首里高校長が退学処分を撤回し復学、無事卒業された）

カエルの解剖

辺土名高でいざこざが起き父母が悩んでいた時、私と進、守はなに知らぬ顔で辺土名高隣の借家から、広い川床のような運動場を横切り一号線道路をおよそ一キロ離れた大宜味初等学校に通学していた。辺土名高へ向かうお兄さん、お姉さん方とは反対方向に、広い干潟の海岸線を歩いた。当時辺土名宜名真までの一号線は米軍トラックやジープが時たま通過、通学中の学生はヒッチハイクをしていた。一九四七年頃米軍トラックを改造した公営バスが運行開始されたが、それも時間通りの運行ではなく、大抵自分の足に頼らざるを得ない時代で、交通閑散、道路の真ん中を闊歩しふざけながら登校したが、一旦校門をくぐると、各々分散し、下校時も別行動であった。

大宜味初等学校は部分的に戦災に遭い、茅ぶき教室であったと記憶する。校門近くに大きなイヌビワの木が枝を広げ、休み時間にその木陰で鉄棒をしたり、縄飛びをするなど、戦前のような遊び場があった。

大宜味校は戦災地の目取真や首里と異なり児童・生徒はほとんどが戦前からの地元出身で互いに旧知の間柄で学力により地位が確立し、リーダーに一目おく生徒間の態度で、地域階級意識が感じられた。それに他の戦災地に比べ、戦前の教科書を所持していたらしく、学力もすすんでいた。

私は十・十空襲以来、転々と移り住み、学校も教師により教科（主に国語と算数）に偏重があったが、大宜味へ来てはじめて理科の授業をうけた。

ある日、六年生担任の先生が「明日はよく切れるカミソリ刃とピン四本を持参するように」といわれた。一体何をするのだろうかと不審に思った。カミソリの刃と聞いて怖い気がした。

翌日、先生は「いま夜にカエルが鳴いている時節だからカエルの話をしよう」とカエルの一生を話した後、学校の裏側の田んぼへ行って蛙を一匹捕らえてくるようにクラスに命じた。先生のその一言に、生徒たちは教室から野外へ出られる口実ができ、一斉にワアーッと歓声をあげながら外へ飛び出した。学校裏の東北側にはこんもりとした雑木森があり、南西に稲の穂先が見え出した田んぼがあった。ちょうど梅雨明けで蛙の多い時節。畦道に一歩足を踏み入れると、田んぼの中へピョンピョンと跳ね入る蛙。生徒たちは蛙の捕獲競争に興じた。田舎の子供たちは馴れた手つきで、ものの十分も経たずに蛙を捕らえて教室に戻った。

先生は生徒が持ち帰った蛙を机の上に紙を広げてピンでとめるように指示された。ところが蛙はいうことを聞かず手からすべり逃げ回る。それを追いかけ回る生徒たちでクラスは一時騒然となったが、先生の指示通り、蛙のお腹を上向きにして四肢をピンでとめた。そして先生は蛙の腹部を直線にカミソリの刃で切るように指示された。その時、動物愛護が脳裏をかすめたが、学ぶべきものは学ぶべしと心をふるい起こして先生の説明に聞き入った。

先生は蛙の生体解剖で内部臓器の呼吸、消化、血液循環器官を説明され、人体との類似性などを指摘された。

大宜味校ではじめて理科の実習を受け、動物の生体を観察し、科学への新しい眼を開いてくれた授業であった。大宜味は身近に豊かな自然に恵まれ、動植物の生態や生体を観察する生きた理科の時間が忘れられない。

その他に風変わりな級友の思い出がある。

名前は確かではないが、節子さんは田舎の学校には珍しくおしゃべりで活達な、少し都会ずれのした級友であった。田舎の学校でよくあることだが、何か珍しい食べ物があると学校へ持参し、自慢げに見せびらかしたり、あるいは気前のよい子は自分のお気に入りの級友に分け与えることがあった。瀬底では製糖期になると、生徒たちは私のポケットに黒糖をこっそり差し入れてくれたものだ。

ある日、節子さんが私に一片の木の根を差し出した。何なのか戸惑っていると、節子さんは手にした他の木の根を口にあてて、「かじってごらん、これおいしいよ」という。いわれるままに木の根を口にあてると、ある芳香が口内に広がり、甘くて美味しい。

「これ、なんの木なの?」と問うと、「カラキといって、その木はずーっと深い山奥に生えていて、その木のある場所は誰にも教えられない。だけどあんたにはいつか夏休みに連れていってあげるね」と約束した。そうした神秘的な木が大宜味の山奥に生えているとは? 興味が沸いた。

後年、アメリカへ来て、いろいろな甘物の添加香料として使用されている「シナモン」の原料であることを知り、大宜味の節子さんのカラキを思い出した。

約束の、あの神秘の木を見る機会なしに、私たち家族は父母の辺土名高辞職でまた移動しなければならない苦境に立たされた。

山間の緑に包まれ、落ち着いた自然環境の下で住宅や食料、燃料に困らないとのふれ込みに勧誘されて辺土名へ来たものの、私たちを追う飛び火のように連鎖的な学生ストに巻き込まれ、母は苦労続きであった。辺土名は一学期三ヵ月足らずの滞在だった。

ふりかかる苦難の道程《みち》なほ遠く
　子らの行く末　思い乱れて
濡れ衣を着せられし日の悔しさは
　今も残れり　心の底に
　　　　　　　　　　　　（母・輝子作）

第九章

心のふるさと名護

いざ帰らん

一九四七年、一学期終了後、夏休みに入った頃だった。私たち家族は追われるがごとく辺土名を後にした。父母が首里高学生ストに相次ぎ辺土名高で連鎖的な学生ストが起き、その煽動者だとの烙印が押され、私たち家族はまた路上の人となったのである。

幸い、母が若い頃教員のかけ出し時代の教え子、安里延文教局視学官の計らいで、名護へ移転することになった。名護は母の故郷であり、母は永年自分の古里へ帰る日を夢見ていたので自分の夢がかなえられる。いざ帰らん！　わがふるさとへ——と希望を新たにした。

夢に見し古里の土踏みしめて
　新たなる希み　かぎりなく燃ゆ
たぎり落つ異郷の涙ふり捨てて
　古里の人と堅く結ばむ

変りたる古里なれど若き日の
想い出深き名護城の森

（母・輝子作）

私たち家族は辺土名高からいさぎよく引きあげたものの、名護に住む家がなく路頭に迷った。母があちこち親せきにあたり、母の実家サンメーヤがあった屋敷の住人ムンニーと交渉し、戦後建築された家の上座に間借りすることになった。ムンニーは祖父（比嘉善助）の末妹の嫁入り先で、戦前その伯母が生存中、名護東江で数少ない雑貨商と副業に藍染めを営んでいた。その南隣にもう一人の伯母家族が「ナカミチの豆腐屋」を営み、祖父の姉妹が隣り合わせで住んでいた屋敷である。

私たちが備瀬や瀬底に住んでいた頃、名護へ泊まりがけで親せき訪問した際、表街道に面した仲道豆腐屋前に大きなセンダンの樹に登り蝉採りをした覚えがある。だが戦後来てみれば、東江の街道沿いの家屋は焼夷弾で焼かれ、おばあが藍染めに使用していた井戸だけが昔の面影をとどめていた。戦後新築された竹茅ぶきの家に私たち一家は一時身をよせることになる。当時、戦災にあった名護の屋敷にはすでに半永久的な家屋が建ち並んでいた。森林に恵まれた名護の復興は早かったようだ。表街道から内側のスージ小に入ると、フクギに囲まれた古い屋敷はほとんど戦災を免れ昔のままだった。

戦後の家内起業

戦後二年が経過していたが、沖縄の食糧事情は相変わらず米国の救援物資に頼っていた。救援物資も時により、所によって缶詰類の配給だけだったり、米だけとか、メリケン粉、トウモロコシ粉だけになったり、定期的配給ではなく、自作農産物のない人たちはいつ、何の品が配給されるのか分からず、不規則な配給制度に悩まされた。

私たちが名護に移転して来た当時（一九四七年八月）、専らメリケン粉の配給だけで三食ほとんどダンゴ汁に野菜少々、たまにてんぷらといった朝夕同じメニューの食事であった。連日同じものに食べ飽きていた矢先、東江に手動機の製麺屋が開業したと聞き、私は配給メリケン粉をかかえて、真夏の日昇りとともにそのソバ作りの家へ向かった。

その家は東江海岸に近いアガリヤー（東江康治・平之氏ご兄弟の実家）のすぐ隣にあった。私が到着した頃にはその家の前にはすでに長蛇の列。当時新聞やラジオの広告などのない時代、口コミは早く、東江の村中にソバ作りがはじまったことを聞きつけ、おいしい機械ソバにありつける期待で開店を待っていたのだ。

東江海岸一帯は木陰のない砂地に真夏の日射しが照りかえし、足が焼けつくように暑かった。私も列に加わり、待つこと、三、四時間。その間陽が高くなるにつれて立っているだけでも汗だく眩暈がしそうだった。

自分の順番を待っているのはまだよいほうで、ソバ作りのおばさんは華奢な体躯で顧客が持参したメリケン粉をはかり、水を加えて練り、練ったものを幾度も圧搾機にかけて練り返した後、切断機で切って長いソバにする作業を幾度も繰り返していた。そのおばさんは白タオルで頭髪を覆い、白エプロンをかけ、まつ毛や鼻先はメリケン粉でまっ白お化粧、それでも優しそうな美しい顔立ちの人だった。

その頃、米軍通貨B円が出回っていたが、物資不足の経済では一般通貨としての価値がなかったため、製麺の報酬として各顧客から持参したメリケン粉の分量（それも制限があった）により、二カップか三カップを差し引いていた。実に低報酬の起業であった。

正午をすぎてやっと順番が回って来た。

持参したメリケン粉を差し出すと、そのおばさんは、「あんたは見かけない子だが、どこの子？」と多忙ながらも私に話しかけた。とっさの質問にどう答えたものか戸惑ったが、母の郷里東江では名の知れた母だったので「新垣輝子の子です」と答えると、「輝先生は私の小学校の先生だったのよ」といい、報酬のメリケン粉も一カップだけ差し引き、昼食もとらずに汗だくで生ソバを作ってくれた。ソバ作りのおばさんが母の教え子で厚意を受けたことや、今夕おいしいソバが食べられる期待感で長い待機時間の辛さも忘れて心がはずんだ。

一ヵ月ほど経って、悪いニュースが入った。日昇りとともに日没まで自宅の前に行列をつくる顧客に生ソバ作りに一生懸命働いていたそのおばさんが連日の労働の過労に倒れ、さらに手動製麺機も故障して廃業になった。

その後、私の同級生の平山安子さん（旧姓・宮城）のお母さんがその製麺機を買い取り、しばらく東江の家庭に生ソバを供給していた。その生ソバ作りがはじまった頃、名護の婦人会で米国農務省から生活改善普及員が、メリケン粉やトウモロコシ粉の料理講習を行い、イースト菌を使ってパンの作り方を教えたが、オーブンのない時代だったので蒸しパン作りが流行った。イースト菌をメリケン粉にねり混ぜて一定時間ねかせ、あずきあんを入れてまたねかせ、ふくれ上がったところで蒸すのだが、気温の高い沖縄では発酵時間の調節が難しく、適時を見逃してペッタンコになったり、酸っぱくなったりでおいしいパン作りは容易ではなかった。

毎日、だんご汁の貧弱な食生活に製麺やパン作りが導入されて、これまでの食生活に少し改善のあとがみえてきた。

東江の地域共同精神

一九四七年九月、名護で六年生第二学期を迎えた。首里で新学期を迎えてまもなく辺土名大宜味初等学校に転校し、今度は名護町東江校への編入である。度重なる転校に馴れ、あまり抵抗や圧迫を感ずることなく新しい環境になじんだ。

元名護第二国民学校だった東江校は向かいの国税務署の建物と同様、戦災を免れ、校舎はそのまま焼け残っていたが、教室の仕切り戸や床板、机椅子などはボロボロ。それでも他校に比べて昔の学校のかたちはとどめていた。六年女子組（男女分離）の担任は宮城ハル先生、新しい級友に徳山絹子さん（旧姓・比嘉）らがいた。

まだじりじりと焼けつく太陽の下、夏休みを終えて精気溢れる校内で、各区毎（ライバルは城にそれぞれ地域活動計画が話し合われた。七、八年の上級生がリーダーになり、放課後東江出身の下級生を校庭に集めて、「明朝から登校前に東江の南北両端を一周する朝会をやる」と宣言、早速翌朝からはじまった。東江は他地域の難民在留者はなく、戦前からの地元住民で形成された集落で、私たち家族は後から来た難民のような存在であった。したがって戦前戦中の伝統、習慣が根強く残っていた。

まだ暗い早朝、上級生がベルを吹き鳴らしながら、下級生の家を回り起床をうながした。ベルの音で床を抜け出し、眠たい目をこすりつつ街道一号線に集合し、一列に並んで「ワッショイ、ワッショイ！」とかけ声勇ましく、まだ家並みがやっと見えるほどの暗い道を駆け回った。上級生と下級生が一緒に登校前に運動することは、身体を鍛えるとともに同じ地域に住む連帯意識を高めようとの狙いである。

戦時中、国をあげて戦争に勝つための隣組運動があったが、戦後東江には異なった意味で早朝の生徒運動集会が行われた。これまで転々と移り住んだ地域とは異なり、当初違和感を感じ、戦時中に戻ったような時代錯誤感がしたが、新来者は「郷に入らば郷に従え」で、眠気をふり払って上級生に従った。

東江の南端（那覇からの入口）から東江初校の校門あたりまで一周する頃には夜が白み、村の人々も起床、一日の仕事準備にかかる。集会がすみ、大急ぎ帰宅して、洗顔、朝食、着替えをすませて登校といった慌しい一日の始まりであった。

いま顧みると、早朝の運動集会は健康増進と地域の連帯感育成によい習慣だったと思う。

科学の進歩と物資が豊かになり、日常生活習慣も安易になった昨今、運動不足や食生活に起因するメタボリックシンドロームが急増し、社会問題になっているが、週に一度でも大人と子供が一緒になって朝の「ワッショイ、ワッショイ！」のかけ声勇ましく、名護湾の磯の香、銭ヶ森や名護城公園の緑の香を胸いっぱい吸いながら散歩やジョギングを楽しむ地域活動があってもいいのでは？　そうすることによって、肥満症解消とともに自分たちが住んでいる美しい環境を再認識し、その保全の心と地域の連帯意識を促進する一石三鳥の恩恵をもたらすのでは？

東江に住んでいた頃、もう一つ地域のしきたりに「ブー」と称する共同作業があった。その作業は税金の代わりに共同で集落内の溝の清掃や戦後の復興で乱伐された森林の植樹、山道の補修を行っていた。ブーの日の告知が出ると各家庭から必ず一名出動の義務があった。生活に苦しい時代、村や町に収入がなかったため、労働者を雇えず、ブーで環境整備を図っていた。いまは遠い昔話になる。

日本の春の先駆けの桜の花見で賑わう名護城から裏山の「青年の家」や名護岳へ通ずる北西側と南側に二つの展望台がある。北西展望台から羽地内海と名護湾を結ぶ比較的平坦で広大な地形が見渡せる。復帰前までは田畑と林で牧歌的な農耕地であったが、現在は商店街や宅地に変わり、いまなお拡張を続ける都市に変貌、沖縄第二の高山・嘉津宇岳の山脈に繋がる崎本部の岬と対岸の恩納岳の裾野を楕円型に描く名護湾が一望の中に見渡せる絶景である。

世界を旅していえることは（私のひいき目かもしれないが）緑の山並みに囲まれ、紺碧の千里の海原を一望に見渡せる名護浦は自然と人的な佇まいが美しく調和した市である。

その他沖縄各地の新設公園をめぐり感ずることは、どこへ行っても地域の人の姿をあまり見かけないことについ、もったいない気がする。

戦中戦後の荒廃した風景を見なれ、物資が欠乏し貧困生活の中で「節約」「倹約」を教えられた経験から貧乏性がしみついているせいか、折角住民のための憩いの場として造られた公園が閑散としていると、「誰を待つのか、誰のためか」と問いたくなる。本当に「もったいない」と思う。

最近ハワイへ移転して感ずることは、近くの公園に土、日曜日を問わず、多くの車が駐車し、テントを張ってピクニックや野外活動を楽しんでいる光景にひかれる。ハワイは単に常夏の観光地ではなく、地元の人が自分たちの日常生活の一部として近くの公園で友人、知人、親せきや隣組が集まり、交流を楽しんでいることである。

沖縄でも公園を生活の一部として友人や子どものクラスの父母が気軽に簡単なおやつを持ち寄り、学校や子どもの問題を話し合う場所としても大いに活用できるのではないか？

「忙しくてそんな暇はない」との声も聞かれますが、「暇はつくるもの」。

古里を訪れ、美しい自然と公園を独り占めにするのは最高の光栄に感ずる一方、観光客のための公園ではなく、地域の人々が楽しみ心を豊かにする公園であってほしい気がする。

ふるさとの訪れる人なき公園に
戦さのあとに　緑葉揺らぎ

戦後初の書き初め

一九四八年、名護ではじめて新年を迎えたが、「お正月」といっても貧困にあえぐ生活で、とりたてて祝事らしいこともなく、平常と変わりない日であった。だが学校では三学期がはじまり新しい動きがあった。

当時、まだ生徒各自の教科書はなく、文教局発行のガリ版刷りの教師用テキストを先生だけが所持し、それを黒板に板書して生徒はノートに書き写していた。先生はほこりの出るチョークで板書するのが面倒だったのか、少しばかり字が上手な生徒を指名して代筆させた。私もその一人に指名され授業がはじまる前や休み時間にテキストを板書したものだ。そういうこともあって新年明けにある書道コンクールに出品するとのことで各学年から代表者三、四名が選ばれ、放課後に書き初めの練習をしたことがある。

戦後三年目、といってもまだ硯や墨、筆、習字用紙など入手困難だったため、先生方が知人や友人から手持ち品をかき集めて共同使用であった。

十・十大空襲以来、三年ぶりに毛筆を持つことになり、おぼつかない手で書道の真似事をやった。小学校の習字といえば、「春が来た」とか「初日の出」など書き初めの陳腐な文句が常例である。

私は陳腐な文句をさけて、何か変わった語句はないかと母に相談したところ、母は近々、「新選挙法による市町村及び議員選挙」があることを意識してか、時宜を得た標語「婦人参政権」にしたらどうかといい、母が手本を書いてくれた。

六年生の私にはその意味も字画も難しいとは思ったが、母の手本を横に習字練習の課題にしたら、書道係の若い先生（男性）は政治スローガンで小学生には適わしくないといわぬばかりに「婦人参政権か」と皮肉なコメントをした。

その書道コンクールは名護町内初等学校共同だと記憶するが、展示会が実施されたかどうか、うやむやに終わった。

母の当選―初の女性議員

第二次世界大戦で日本が敗戦してもたらした恩恵の一つが、女性に選挙権が与えられたことである。明治維新以降これまでに普通選挙の実施をめぐって様々な紆余曲折の歴史があった。一九二五年三月、普通選挙法が成立したものの、この権利は男性のみに与えられ、女性は無視され続けていた。

一九一一年（明治晩年）、女性の社会的地位や女性解放を唱え、女性の権利意識覚醒を促しために、山川均・菊栄夫妻、平塚らいてう、奥むめお氏らが青鞜社を結成し、女性も普通選挙権獲得に闘争を続けていたが、皮肉なことに今次大戦で日本の敗戦に至り、やっと日の目を見ることができたのである。

青鞜社発足を機に大正デモクラシー時代、女教員、女子師範学校、高等女学校生が男性と同権を主張するかのように、いかめしいハカマ（男性のみが着た）に靴をはくようになった風習は当時封建的な男性から「女の屑だ」とののしられたという。そうした服装がインテリティ女性の間で流行し、男女同権を訴えた時代があった。

その一方、日本の大東亜共栄圏構想と西洋化が進むにつれて、ハカマと靴の風習もすたれ、着服簡易な洋服に変わり、軍国進軍時代へと移行する。

昭和女子大当時のハカマ姿の母

戦時中、沖縄の女子学徒隊がハチ巻きにモンペ姿で男子と肩を並べて負傷兵士の看護にあたり、戦火の中多くの若い命が消滅した惨事は筆舌に尽くし難い。

皮肉にも日本の敗戦に

よって連合軍占領下やっと女性にも選挙権が与えられた事実は、日本の女性史で忘れてはならない画期的な出来事である。その歴史の一ページに、沖縄本島のある難民収容地区ではじめて二十五歳以上の男女に選挙権が与えられたが、全琉一斉に沖縄史上初の一般選挙が実施されたのは一九四八年二月のことである。

終戦三年、悲惨な戦争とそれに続く生活の困窮からやっと立ち上がりつつあった沖縄で、はじめて男女同権の一般選挙が実施されることになり、当時小学六年生の私は、書き初めに母が勧めた習字「婦人参政権」の意味も分からないままに書いて男性教師に苦笑されたが、母はその頃、名護町会議員に立候補を考えていたようだ。

母は東京での学生時代、当時の女流作家・与謝野晶子、野上弥生子、神近市子らの作品や評論を通じて女性の権利覚醒の洗礼を受け青鞜派を深く信奉し、永年「婦人参政権」が実施されることを夢見ていた。

それに若い頃ノロ職を嫌って離沖したものの、佐喜真興英著「女人政治考」で琉球開闢《かいびゃく》以来、王朝の最高神女・聞得大君《きこえおおきみ》が祭司政治に権力を駆使し、さらにその支配下のノロの地位が高かったことに刺激され、古い伝統と現代的な女性自由解放と社会的地位の向上の理念の狭間にたって、矛盾の中にもある共通性を見出し政治参画への情熱がたぎるきっかけとなった。

一九四八年二月「新選挙法による市町村長及び議員選挙法」が発布されると、母はいち早く若い日の大望実現に飛びついた。

母は生まれ育った故郷名護（母は「地上最高の至宝の地」と呼ぶ）に帰還半年、水を得た魚のように俄然婦人活動に意欲を燃やした。

母は元来、名護城ノロ家に生まれ、祭事を司るノロ職を受け継ぐことになっていたが、旧式の伝統に反旗を翻し離沖したばかりにその罪悪感が彼女の半生を悩ませ続けていたので、その償いとして郷里のために何か貢献できることはないものかと模索中、天から降って来たような婦人参政権であった。

母は家の伝統に従わなかった償いに、新しい時代の女性として社会的地位や権利意識を促し、身近な生活改善、町づくりを計る講習会を開くなど、学校教員よりも地域婦人活動により関心をよせ、自分の本命を確認したようだった。

全琉一斉の一般選挙が告示されると、昔の教え子・岸本清氏が名護町長に立候補し、同氏の選挙運動に奔走する一方、母は町長の町政を支持促進する議会議員に立候補した。母は沖縄の女性としてはじめて婦人参政権行使に立ち上がったのである。

一九四八年二月一日、岸本清氏が名護町長に初当選、同年二月八日、母新垣輝子が北部唯一の初の女性議員に当選した。母は四十五歳の若さであった。即日投開票の夜中、町長に当選したばかりの岸本氏が家族就寝中に朗報を知らせにみえられ、私たち兄弟は夢うつつに母の当選を知ったが、政治に関心のない年頃だったため、母の歓びを分かち合うほどの感動はなかった。

「沖縄初の婦人議員誕生」といっても、戦後の困窮生活にあえぐ中、取りたてて祝事は催されなかったが、初当選を果たし、母は若い頃からの大望・政治参画に情熱満々、生き甲斐を見出し、町民福祉に邁進の心意気であった。

日本の敗戦により米国がもたらした男女平等の選挙権は天から舞い下りた賜物であったが、当時の女性たちは長い伝統の下、「忍従」「働き手」の地位に甘んじ、自分の権利や社会的地位の認識に欠けていたため、戦後選挙権が与えられても政治参画への意識は低く、男性に圧された旧態依然の実情だった。

母は、沖縄政治史の一ページを飾る初の女性議員として辞令交付式（一九四八年二月九日）にのぞみ、「当選証書を手にした瞬間、その証書に伴う責任の重さを改めて認識、激しい戦争を乗り越えて真の民主主義の理念に則って政治家の一員として町民福祉に全生命をかける覚悟をした」という。だが実際に政治の場へのぞめば、選挙のしこりや女性偏見に直面し、二十議席中、紅一点の母の立場は先行き荒波を予報する大奮闘が待ちかまえていた。

女性解放の歌

閉されし心の扉開け放す
　おみなの自由叫ぶ時来ぬ
かたき殻破りて歩む道なれど

峻しきことのあまりに多し
故里をよくする希望《のぞみ》に燃えし日が
心の支えになりたりと悟る
（母・輝子作）

ハワイとの奇縁

人の絆は奇なり。人はどこで誰とどういう関係にあるのか、何かのきっかけがないかぎり分からないものである。

母が沖縄初の女性議員になって間もなく、遠くハワイから青天のへきれきのように名護町役所に問い合わせが寄せられた。縁もゆかりもないと思っていたハワイから新議員の「新垣輝子」についての照会である。

どのようにして名護出身の母の名がハワイへ伝わったのか疑問に思ったが、善事も悪事もニュースは万里の地球をかけめぐる。母が初の女性議員になったニュースは、ハワイ生まれで帰郷した岸本清氏がハワイ在住の親せきへご自身の町長当選を知らせるとともに恩師の議員当選を知らせたもよう。

それが当時ホノルルでホテル経営をしていた湧川清栄氏の耳に入り、その妻よし乃が「新垣輝子」の名を見て従兄にあたる新垣毅の妻ではないかとの照会の便りが名護町役所宛てに寄せられたのである。

遠いハワイに親せきがあることなど全く知らされていなかっただけに「寝耳に水」の驚きであった。その便りを機に父はポツリポツリと叔父三人がハワイへ移民したことを語り、叔父の娘よし乃が湧川氏と結婚していたことが分かったのである。人の縁は奇なり。

その照会の便りを機にハワイとの交流がはじまった。

一九四七年、悲惨な戦禍に見舞われた郷土沖縄を救おうとハワイの県人たちが湧川氏を主導に「沖縄救済更生会」を結成し、沖縄へ救援物資の送付をはじめ、県人の親せきの安否確認の運動がさかんに行われていた。そうした中、父の従妹・湧川（新垣）よし乃も従兄にあたる父の居場所を確認し、アメリカの古着などが定期的に送られて来るようになった。当時米軍の払い下げの軍服を更生したチグハグな珍服を着ていた時代、色とりどりのプリント模様のドレスを手にした時には「さすが豊かな国、アメリカはいいなあ」と羨望感が沸いたものだ。私たち姉妹はハワイから送られて来たおしゃれなドレスを着て自慢した。

着る物、食べ物、ないないづくしの戦後の沖縄に郷土愛を抱き続けたハワイの同胞たちから、各々の親類や市町村に郷土再建の救援物資が送られて来たことは、今もって感謝のことばが尽きない。

近年、沖縄歌舞劇「海から豚がやってきた」でも知られるように、六百頭の豚や山羊など沖縄の畜産再建にも尽力されたことは、沖縄戦後史の上でも高く評価し、感謝すべき画期的な救援活動であった。

敵国アメリカの一部であったハワイの同胞たちが郷土を忘れず、終戦と同時に移民生活が苦しい境遇の中、郷土の再建に立ち上り、援助の手を差しのべて下さったことは、同胞の絆の強さを示すウチナーンチュ魂だと痛感する。「血は水よりも濃し」。時空を超えてウチナーンチュの同胞愛はいまなお脈打ち、両岸の絆が深く、強く、末長く保たれることを祈る。

名護城ふもとの一軒家

一九四八年四月一日、本土に一年遅れて、これまでの八・四制を六・三・三制に改め、初等六年、中学三年を義務教育とし、高等三年が選択進学制に変わった。

私たち家族はこれまで東江のムンニーに間借りしていたが、母が沖縄初の名護町会婦人議員

名護桜とメジロ

になり、父も一時名護初等学校に就職、学制改制で中等学校開校とともに名護中に転任し、名護に腰を据えることになった。

そこで母の実家の名護城の南西側の麓に土地を借りて、母の知人や名護中の若い先生方や生徒たちの協力で茅ぶきの家を建ててもらった。

はじめて「わが家」と呼べる一軒家に住めるようになった。一軒家といってもまだ戦後の復興期で、柱や床板、戸や壁板は製材所から直接搬入されたカンナのかからない粗材であった。屋根は近くの野山から生徒が刈り出した竹茅を積みあげたもので、見るからに粗末なあばら家であったが、家族だけで住める一軒家ができ、私たちにとっては「スウィート・ホーム」であった。

麓の家から見下ろす田んぼの中を幸地川が

流れ、近くには名護ターブックヮへ引水する水門があり、さらに北部農事試験場の種々の農作実験のための広大な農場（現在のオリオンビール工場敷地）が広がり、見晴しのよい場所だった。

遠くには昔ながらの東江集落を囲むフクギの林が見渡せ、夕日が林の裏に沈む頃、静かな冥想にふけ、人里離れた新居は希望に満ちていた。

刈りたての青い茅の香り、切りたての松や椎の木の香が漂い、貧しい草庵ながらも「しあわせなわが家」ができた。

わが家は名護城西側の迂回道路へ一〇〇メートル入った山裾にあった。当時戦災に遭った名護の町の家屋建築用材の伐採で、名護城神域外の大木はほとんど消え失せていた。母によると、祖父が存命中、鹿児島からカンヒザクラやクスノキの苗木を入手し、名護城神殿の周辺や神殿に通ずる階段わきにサクラ、さらに南側丘陵一帯にクスノキを植樹したという。祖父は特にクスノキが木材や樟脳の原料になることに目をつけ、将来的にその面の起業を考えていたとのことだが、木々の成熟を見ずに他界した。

だが、戦後の復興時、山林の所有権があるなしに拘らず伐採ができる意気と体力、技術のある者によって、どこでも伐採、乱伐が続いた。したがって私たちが名護城麓に一軒家を建てた頃には名護城一帯の成熟したクスノキは伐採され、木材にならない若木だけが残っていた。

エデンの園

梅雨明けの沖縄の野山は草木の緑が深さをまし、自生の果樹や草花が咲き乱れ、昔人の美しいことばのごとく「うりずん」の新鮮さに満ち溢れた季節である。遠い異国にあって沖縄の初夏を思う時、目がくらむばかりの目映い光線と光に包まれ青くかすむ野山の情景は郷愁を呼ぶ。若夏の青い海と山は忘れがたい。

名護城の麓に移り住んだ頃、ちょうどその季節であった。山懐に住み、自然が間近にあると遊び場が無限に広がったようで、名護城の野山を駆け回ったが、名護城の聖域を示す縄張りの境内に入ることは禁を犯すことになり、できるだけ避けるようにした。

祖父・比嘉善助の時代から戦後一九六〇年代頃まで名護城の神殿とそれに続く聖域の森は縄で張りめぐらされ、特別な御祈願祭事以外一般人の出入りは禁じられ、年一度五月頃、縄の張り替え儀式が行われていたが、時代の流れでそうした仕来りも消失し、今日では聖域を示す縄さえ見当たらない。

その聖域の南西側の丘陵に祖父は何らかの造園計画があったらしく、木々を切り払い段々畑の形跡があったが、祖父の死後放置されて灌木や雑草が生い茂る野山になっていた。

南向きの日当たりのよい場所で聖域の境目にはフウトウやスモモ、シークヮーサーの木々が生え段々台地の端々にバンシルー（グァバ）、ツルグミ、木イチゴ、リュウキュウイチゴなどが自生していた。他に沖縄の若夏を飾る清楚なソウシジュや優雅な紅紫のノボタンが咲き、南島自生の植物園のようであった。名護城の桜の開花のあとサクランボやグミ、スモモの実を求めてメジロやウグイス、その他野鳥が飛び交い、さらに小鳥をねらうハブが出没するなど、一喜一憂、自然のバランスを保つ「エデンの園」を思わせた。

名護城麓に居をかまえ、母は自身の郷里の山懐の中で精神的には落ち着いたものの、父の教員の給料（軍票B円）だけでは九人家族の生活は窮々、しかも母は町会議員とはいえその報酬はたまに議会開催時の日当が少々あるだけで、議員は一種の名誉職であったため生活の足しにはならなかった。

当時、教員は地元出身優先で学歴は特技があれば高校卒でも可能であった。地元出身は大抵農地を所有し、生徒は先生から田植えや稲刈りの手伝いを頼まれれば、先生の厚意を受けていると思い、それに食料不足でいつも空腹をかかえていたため、作業の後におにぎりをもらえるのが楽しくて、喜んで先生の農事手伝いをした。

父はよそ者で名護に土地なし。母の実家は祖父が友人の借金の保証人になり広大な田畑や家屋敷（旧名護町役所裏）は銀行の抵当にとられ、名護城のノロ屋敷以外、農地は皆無の状態だった。

それでも母は食料不足の補給の一策として麓の家の裏山、名護城南西側の「エデンの園」の一隅を開墾し、芋やジャガイモ作りをはじめた。「エデンの園」の雑草や灌木の根は深く、しかも丘陵は乾燥地だったため、開墾は女手では至難の作業であった。

日食と開墾

母は名護城の「エデンの園」に忍耐強く開墾を続け、十坪足らずの小さな芋畠をつくった。芋の成熟には少なくとも五、六ヵ月かかり、十坪足らずの畠では到底家族を養えるものではない。ある日、兄・修が珍しく母の開墾作業の手伝いを申し出た。その頃、兄は名護の町内の電灯のつく友人宅に住み込みで高校に通っていたため、電灯のないわが家に帰って来ることはまれであった。

その日、父を除いて一家総出で名護城の「エデンの園」へ登った。

父は一人息子で甘やかされて育ち、衣食住に関する問題は母まかせで、農事に一切手を汚さないたちだった。父のそうした生活態度は一見士族的でもあり、あるいは母の生来の率先力、女の天職としての忍従に便乗した惰性ともいえた。

一家総出の開墾の日は、偶然にも日食が見られる日にあたった。

一九四八年十一月一日、澄んだ秋空であった。まだ小学生で開墾の労働には役に立たない弟妹も一緒に家族八人、裏山に登った。開墾地へのアクセスに路がなく、土砂崩れの八〇度傾斜の崖を登山家のように露出した木の根をたぐり、よじ登る。アクセスにも一苦労である。みなフウフウ荒息を吹きつつ、丘に登った。それでも家族で一緒に野山に出る楽しさでいっぱい。急坂もなんのそのとばかり一気に登りつめた。

前日、学校で「日食の日」と聞き、弟たちはガラスの破片を準備していた。みんなでうっそうと生い茂った雑草を刈り集め、日食時を待機、次第に太陽が曇りはじめると火をつけ草焼きにかかった。

草焼きの白い煙が秋空高く立ちのぼると、昔、名護城の祖父母が息子や娘を海外へ送り出す時、松の青葉を集めて野火を焚き、別れを惜しんだという。その慣例にならい、備瀬の浜で叔母良子を乗せた船へモクマオウの葉を焚いた日が思い浮かんだ。祖父母が野火を焚いた地点から僅か二〇メートルしか離れていない。祖父母がわが子の旅の無事を祈り哀惜の情をこめて野火をした時代と、現在の私たちの野火の目的とは格段の差がある。現在の野火は飢えをしのぐための開墾の下地であり、私たち家族が「生きる」のろしであった。

晴れ渡った秋空に白い煙をたなびかせていると、正午頃、次第にうす暗くなった。「それ来た！」とばかりに弟たちは持参したガラスを野火の煙にあぶり、曇りガラスにしてガラスを頭上高く太陽に向かって持ちあげた。

これまで目映さであまり直視できなかった太陽の輪郭が徐々にくもり、輪光の中に地球の影が半分映し出された。地球の影で薄暗くなったかと思えば、ものの一〇分足らずで太陽の全貌が現れ、兄弟間で曇りガラスの奪い合いをしている中に平常の十一月の日射しに戻った。

母との約束の開墾作業はそっちのけで、兄弟は自然のまれな現象を見、歓声をあげた。

一九四八年十一月一日、沖縄では皆既食は見られず部分日食であったことを後年知ったが、生まれてはじめての「日食」現象に関心を持ち天体の不思議さを垣間見た。

その日、兄や姉たちが開墾した土地に第二の芋作の準備ができ、昼すぎ家族揃って丘を下った。日食と開墾の日は思い出の一つとなる。

灯火と夕べの歌

名護城麓の一軒家に住むようになり、自然の緑に包まれ心のなごみと家庭の温かさを感じていたが、人里離れた一軒家には電灯がなかった。

名護の町は一九二四年発電所を開設、沖縄では数少ない「文明開化の町」で知られていた。名護岳を水源地に豊かな山水が流れる幸地川から引水・発電し、町は戦前から電気がともり、北部の「文化町」であったが、第二次世界大戦で町の大半が戦災に遭い、他の地域と同様、ランプ生活が強いられた時期があった。幸い名護発電所は戦災を免れ、町民が羽地田井等や久志の収容所先から帰還し、家屋の再建がはじまると、いち早く一九四六年町内の各家庭に電灯が復旧していた。ところが、麓のわが家は電気幹線からはずれ、他に連結する民家がなく、公共性に欠けるとの理由で電線を延長してもらえず、昔ながらの灯油ランプ生活であった。

そのため兄・修は旧三中時代からの町内の電灯のある友人宅に泊まり込みで勉強していた。私たち姉妹と弟たちは、学期試験の時期がかち合うと交代（けんかになることしばしば）でランプを使用、大抵、夜明けとともに早起きし、名護城の人通りのない迂回道路に登って俄か試験勉強をしたものだ。

それに母は灯油節約だったのか、明るい中に夕食をすませ、日没後、母と私たち姉妹は眼下に広がる田圃や幸地川、農事試験場の広大な農園、さらに東江のフクギ並木に向って「この世はわが世」とばかり、大声で夕べの歌を合唱することが多かった。

曲目はその日の天候やムードによって異なったが、好きな歌は「赤トンボ」や宮良長包の「浜辺の歌」「なんた浜」「えんどうの花」「荒城の月」「ふるさとのうた」など、昔の学校唱歌を母のリードで合唱し、貧しい生活ながら一家の夕べの団欒にしていた。

母は四十六歳の盛りで若々しいメゾソプラノの音声をもち、母の歌声に合わせると音痴の私でもあたかも自身の美声だと錯覚し得意になったものだ。それに名護城の山懐にあるわが家は自然のアンプ劇場の機能を果たし、歌声が深くまろやかな響きをかもす錯覚をおぼえ、聴衆なき自然の舞台での夕べの合唱に自由解放感を味わった。それに田圃の向かい側の幸地又の路上に、名護岳から薪拾いをして帰る女たちや野良仕事を終えて家路を急ぐ人影が目に入ると、ノド自慢にも一層張り合いがつき、聞こえよがしに大声を張りあげ合唱し、一日の憂さ晴らしをしたものだ。陽が落ちてあたりが暗くなると、麓の静寂がまし、眼下の幸地川の水門から落ちる水音が麓の家へこだまし、バックグラウンド伴奏に変わる。自然とのコーラスにしばし心の憩いを求める。

さみだれの頃、青々とした肥沃な名護ターブックヮにカエルが一斉に「愛の歌」をコーラスする時節があった。夜通し疲れを知らず歌い続けるその生命力に驚異を感じた。

佐敷や備瀬、瀬底島、羽地山中避難、大里、首里と転々と移り住んだ地では全く見られなかったカエルが、夜闇に高々とわが世とばかり鳴き続けている。当初何の音響かと不思議に思った。カエルの「愛のセレナーデ」をはじめて耳にし動物の世界に興味をおぼえた。

大宜味校の理科の時間で解剖の犠牲になったカエル族がこうも生命力に満ち溢れ、必死に愛の歌を奏でるとは？　小さな生き物でも次代の生命確保のため広大な田圃に響き渡るコーラスを奏でる詩曲に神秘的な思いがした。

名護ターブックヮの往時の田園風物詩も、過去三十余年で学校や住宅地に変貌し、離郷後帰省してみれば、もう蛙の鳴く声も遠い昔のふるさとの歌となり、一抹のさびしさを感ずる。

名護田園交響曲と麓の家で夕べの歌を歌った時代、母は町議会に時たま召集され議題審議をしていたが、当時は予算審議などはなく、町の再建計画に、いかにして政府から多額の援助資金や資材を引き入れるかが焦点であった。

二十人の議員の中に紅一点の母は、議会内に初の女性議員登場を歓迎する者と女性偏見堅持派があることから、当初から難航を予想。それに政党間の争いや政治の裏側のかけ引きで、率直な発言をすれば「女のくせに何をいうか」と言われ、会議のあとで酒席で酒をすすめられ「飲めない」と断ると、「酒が飲めなければ一人前の政治家じゃない」などと侮りをうけ、母はひとりで悩んでいた。若い頃からの大望―女性の社会的地位の向上、女性の自由解放の政治スローガンは観念論にすぎず、戦後男女平等権が与えられたとはいえ、現実では男性との対等関係を築くために、幾多の難関に直面した。

当時、母は七人の成長期の子供を抱え、日常の食糧難、子供の教育の環境づくりにも母親としての責任を負う一方、町人の福祉や施設再建、旧態依然とした男性の女性偏見との心理的な闘争が続き、女性政治家として二重三重の苦悩を体験していた。

日本が日清戦争で勝利をおさめて以来、軍国国家邁進で戦場へ送る人的資源の確保のため「生めよ、殖やせよ」の時代に多くの子供を抱え、いざ戦争が終わってみれば生活難に直面し、しかも旧態依然とした慣習で子供の養育は母親の責任であった。

戦後ようやく女性の自由解放の風潮が根を下ろし、今日、女性に避妊や中絶などで子供の数を制限する家族プランにより女性自身に選択肢があり、自分の人生の決定権を行使しているが、戦前の女性にはそうした自由選択権がなく、生まれて来る者の全責任を負わされていた。女性の社会的地位の向上といっても社会を支配しているのは男性、多くの問題解決は男性本位の社会が続いていた。

母はその矛盾の中で悪戦苦闘しつつ、一九四八―一九五二年の間、二期町議員を務めた。

その間、当時琉球民政府の工務部長だった松岡政保氏が名護の公共施設建設に尽力されたことで、松岡氏が主席選挙に立候補し、その選挙運動に母も参加、演台で熱弁をふるって数少ない女性政治活動家として北部一帯をかけまわり、家を留守にすることが多かった。

その頃、母が在宅の時には姉妹ともに「夕べの歌」を合唱し、心のなごむ家庭団らんのひとときをすごした。

貧しい山家に住み、明日の食に困窮しつつも、母とともに「夕べの歌」を歌ったあの歳月はマイホームとしていまもって夢に現れるなつかしいわが家である。

二〇〇三年帰郷の際、名護城南麓の昔の屋敷跡一帯にあずま屋のある小公園が設置されているのを発見し、感無量であった。

母を偲ぶ

ありし日の母の歌声　谷間にこだま
　面影追いて　叢に伏す

「白い煙と黒い煙」の由来

名護の名所の一つに「白い煙と黒い煙」碑がある。この碑は大正七年（一九一八年）、沖縄師範学校の教師・稲垣国三郎先生が国頭郡の教員講習の折、名護城見物に来られ、たまたま老夫婦（母の両親）が旅立つ娘に青松葉を焚いて名護湾の沖行く黒船に向って別れを惜しむ情景に出会い、親子の情愛の深さに感動されて書かれた随筆が昭和六年（一九三一年）頃、小学校教科書に採用されたことがきっかけで、戦後一九五九年十二月、名護町がその碑を名護城神殿の北側隣家屋敷に建立した。

だがその場所は碑の意味する「親子の情愛」の由来とは縁もゆかりもない地点である。母の実家は名護城神殿を守るヌールドンチ（ノロ殿内）であった。ノロ家はその家に生まれた未婚の娘がノロ職を継承する世襲性であった。

そのノロ殿内には五人の娘があったが、四女は夭折。長女千代子は若く未婚の頃、首里の園比屋武御嶽の祭祀に馬乗りで行列に参加するなどノロを務めたが、婚約者を追ってアメリカへ、次女ナベは地元名護の山城家に嫁ぎ、三女良子が大阪の紡績女工の指導員になった。（後年、沖縄劇場のマネージャーになる）

五女輝子（私の母）がノロ職を受け継ぐ立場におかれたが、母も古い慣習に縛られることを嫌っていたので、名護小学校教員を辞めて、姉良子を頼って本土に渡り、東京で日本女子高等専門学校（昭和女子大前身）に入学した。

ノロ家の娘たちは次女を除き、みな沖縄を去った。

祖父母二人だけが名護城にとり残され、寂寥感をかこち、娘たちが本土と沖縄の往復の際には必ず名護城の拝所に旅の安全を祈願し、そのあと神殿の南側の空地で青松葉を炊いて名護湾沖を行く娘を乗せた汽船に白い煙をなびかせ名残りを惜しむ家のしきたりをつくった。

当時、沖縄から本土へ渡った多くの若者は紡績工場の女工であった時勢から、稲垣先生はノロ家の娘たちも「女工だ」と推察し、親娘の別れのシーンを女工哀話の例として書かれたようだ。

稲垣先生の他にも名護城ノロ家を訪れ、その印象記を書いた学者がいた。その人はドイツの著名な生物学者リヒャルト・ゴールドシュミット博士。同博士は一九二四―二六年、東大の招へい講師として日本滞在中、沖縄へも足をのばし、琉球歴史や風俗習慣、文化、宗教、生物など広範に亘って調査研究し、大正期の沖縄の写真を数多く残し、また著書もドイツ語で出版されたとのこと。

その著書の一つ『大正時代の沖縄』はゴールドシュミット博士が実際に名護城の拝所やノロ家を訪れ、祖母との会見のもようや沖縄の宗教の根源をさぐる紀行文を書いておられる。その中で名護城のノロ家の娘たちにも言及され、「彼女（ノロであった祖母のこと）の下の娘（輝子のこと）

は東京の専門学校に行っており……ノロの位が世襲制であっても高等教育を終えた娘はおそらくノロになることになんの価値も認めないだろう」と輝子の将来を予言。また「もう一人の娘（長女千代子のこと）は驚いたことにアメリカへ行って結婚……羽根飾りのある帽子と洋服を着こなした娘の写真を自慢にしていた」との記述がある。（ノロ家の娘たちの写真参照）

祖母については私が幼児であったため全く記憶がなく、ゴールドシュミット博士の描写で、祖母が素朴で純情な人柄であったことを知り、沖縄の典型的なオバァのイメージが沸いてなつかしく思う。

（註・『大正時代の沖縄』R・ゴールドシュミット著、平良研一・中村哲勝訳、昭和五十六年、琉球新報社発行）

ノロ家の娘たち

前にも書いたが、祖父比嘉善助は名護役場勤めをしていた頃、ある友人の借金の保証人になり、家屋敷や田畠など銀行の抵当に取られ財産を失い、長男善太郎はブラジルへ、長女千代子はハワイ移民と結婚しアメリカへ、三女良子と五女輝子は本土へ、次々に離沖した。

ブラジルへ渡った長男とアメリカへ渡った長女千代子は若くして客死し、三女良子と五女輝

ノロ家の娘たち。左から良子（三女）、千代子（長女）、私の母・輝子（五女）

子が成人して本土を往復していた頃に稲垣先生は「白い煙と黒い煙」の情景を垣間見たと思われる。先生の名護城ご見学の年、一九一八年は恐らく三女良子の上阪の日であったようだ。

叔母良子は大阪で夫とともに沖縄劇団のマネージャーを務め、舞台衣装その他小道具など沖縄物産の購入のため、大阪と沖縄をひんぱんに往復し、その都度老父母が名護城の南空地で白い煙をたいて別れを惜しみ、旅の安全を祈っていた。

四人姉妹は名護城のノロ職を嫌って結婚し離郷したため、ノロの後継者がなく、祖父母の死後、次男善道の妻と娘紀久子が名護城の司祭を受け継ぎ、さらに祖父母の「白い煙」の野火焚きの伝統も継承していた。

私も小学校の頃、たまたま瀬底島から訪問中、良叔母の船を見送る「白い煙」焚きに嫁叔母とともに名護城の空地で松葉焚きをした記憶がある。

戦後一九五九年、名護町が稲垣先生の随筆に因み「白い煙と黒い煙」の親子情愛美談碑を建立した際、母は名護城ノロ家の娘としてその家風を熟知している生存者であったにも拘らず、母には「白い煙」の発祥地について一言の照会もなかったことを母は存命中深く嘆いていた。何故、当事者に照会もせず、現在の「白い煙と黒い煙」碑の建立地が決まったのか不思議に思う。現在の建立地はノロ家の隣家の屋敷に当たり、他人の屋敷で祖父母が松葉焚きをしたとは考えられないし、仮にそうしたとすれば火事になったか迷惑罪に問われたかもしれない。

いつの時代、どこの社会でもよくあることだが、地元には時の有力者がいて、その人物の意にそぐわない者は疎外されるか排斥を受ける。ありのままの事実が真実として認められず、権力でもって事実が曲げられることがよくある。

空と海　世界は一つにつながれど
　人の心は　多岐に亘れり
　　　　（筆者）

偽りの碑文しぐるる煙の碑
　　（浦　廸子作）

学制改革六三三制

終戦三年、戦争の廃墟から立ちあがり、地元で農作物の生産収穫でくらしが徐々に改善され、政治的にも市町村長や議員選挙で地方自治体制が整いつつあった頃、沖縄の教育界も本土に則して新しい学制が布かれた。

終戦直後、学制が確立せず小学六年修了で高校受験し進学する者、失敗者はそのまま七、八年にとどまり再受験したり、高校は元中学、師範、専門学校中退者が編入したり、学制改革で学年が重複したりと、混沌とした時期があった。

私たち昭和十年生まれ（一九三五年）は幸いにして、一九四八年四月一日、本土の学制に遅れること一年、八・四制から六三三制に改められ、初等六年から直ちに中学一年に進学し、六三三制を正規に修了した第一期生である。

六三三制施行により、名護中等学校が開校したものの、当時敷地が未確定で、名護初等学校の敷地の一角を借用し、テントや茅葺校舎で授業がはじまったが、名護町内二初等学校から進学した生徒が統合され、教室不足のため、一時二部授業も行われた。

名護初等学校に隣接する新中学は大西区の裏森に位置し、松林の丘を前に、裏側には「天田原」

と称する昔水田があった農耕地であった。当時まだ校舎のすぐ近くに水田がいくらか残っていた。松林丘をけずって学校の裏門へ通ずる路は赤土がまばゆいばかりに鮮明で、松の緑と対比し、いかにも開拓新学校の風景であった。

中学一年生に進学し、他校との統合で新しいクラスメートとの出会いに、期待と希望で胸がわくわくした。

新学制発足とともに本土から新教科書の入荷がはじまり、教師も沖縄を日本の一部としての教育方針を打ち立て、手本となる教科書やカリキュラムを編成することが可能になった。

父は前年、首里高と辺土名高での連鎖的な学生ストにより、文教局から学生の風紀を乱す危険人物「煽動家」の烙印が押されて、高校への復職は拒否されたようであった。従って一時、名護初等学校に格下げされていたが、新学制施行とともに名護中に転任になり、私は父と同じ学校で鉢合わせになった。

花の友

新しい学校に入学することは新しい友人に出会う期待感に満ちている。新しい地で未知の人との出会いに少々不安を感じても未知なだけに楽しみがある。

新学年のクラス編成のとき一番気になるのは、なんといっても誰と同じクラスに入れるかということである。同じクラスでなくとも同学年に、なんとなく直感で気が合いそうな人をさがすものである。

宮城理子さん（以後敬称略）は名護小から中学に統合になった新同級生、何かのきっかけで彼女が植物に興味があることを知り友人になった。彼女は名前の通り理知的で理科に優れていた。

私は理科好きではなかったが、花の咲く植物に興味があった。理子のお父さん、薫氏は戦前養蚕専門家で名護地区で養蚕業の指導、振興に努め、戦後は北部農林高校兼農事試験場勤務、理子は父親の影響を受けて植物に詳しく、しかも試験場内の花園にアクセスできるとあって、彼女に誘われて花園めぐりをした。

農事に詳しい宮城家は戦後の食糧難の緩和策に家の前庭にはジャガイモやその他野菜類が栽培されていた。菜園を縁どるようにマリーゴールドや百日草、千日紅、まつばぼたんなどが植えられ、一風変わった前庭だった。私は幼少の頃から草花に異常な興味を抱いていたので、理子と興味が一致し意気投合した。

戦後の混沌、困窮生活が続く中、自分の住む環境に何か心の潤いを求めて僅かなスペースでも花の咲く園をつくる心のゆとりが名護の町にも見えはじめた。

理子の家では、父・薫氏は政府勤めの月給取りでは六人の子供たちの教育費が足りないと、何か新しい起業を考え、戦後の暫定的な茅ぶき住宅から耐風耐火に強い恒久的な建築用材のコンクリートやレンガなどに目をつけられ、瓦やブロック製法を名護郊外の大北区で研究している、と聞いた覚えがある。その運送包装用の縄だったのか家族で手動機による藁縄作りをしていた。そうした家業を手伝う理子を私は気兼ねしつつ放課後誘い出して、農事試験場の花園を回り、ネームタグから花の名を覚えたり、花の美しさ比べをしたり、どこそこに珍しい草木があると聞けば、暑い日照りの中をその家を訪ねて珍木に見入ったりしたものだ。

ある日、東江のある旧家にナンテンの庭木があると聞き、そのナンテンとはどういう木なのか、好奇心にかられてその家を訪ねた。その家の庭は隣家との塀沿いに盆栽のような琉球松やソテツなどの常緑木が植えられ、その中にナンテンの木があった。当時ナンテンは古い屋敷だけに見られる珍しい庭木であった。一株から数本垂直に伸びた細い幹の頂きに傘のような枝に無数の小葉がつき、いかにも涼風を呼ぶような感じで、草花とは異なった風趣のある庭木を熱心にめでていると、突然裏庭から数羽の南京アヒルが現れ、嘴《くちばし》ですねをつつかれ驚いて駆け出すとアヒルはガァーガァー大声をあげて私たちを追いかけて来た。アヒルはその家の番犬ならぬ番鳥であった。

戦後、名護では羽地田井等や久志の収容地区からの帰還とともに早速自給自足の農耕作がはじまり、少し生活が落ち着くと園芸にも関心をよせるようになり、農事試験場では米国から送られた様々な洋花の種子を植えていた。他の地域では見られなかった春の息吹きを感じさせた。そうした花々の色彩や形に魅せられ、学校の勉強よりも珍花さがしや花見が楽しくてたまらなかった。

試験場の花園の他に、民間で花栽培に熱心な人がいた。その花愛好家は同級生、金城幸子さんの父親で、幸地川沿いに建つ家の庭は細長く十坪ほどだったが、大きな時計のようなひまわりや丹精こめた大輪のダリア、真赤なカンナ、三色菫、ジェラニューム、スイートピー、金蓮花など、花園を囲む金網にはあさがおや他の蔓花が花壁をなし、まるで花カタログのような様々な草花が咲き誇っていた。学校や買い物の行き帰りに時々金網越しに花園をのぞき見して、「幸子は名前のように幸せだ」と心中羨ましく思い、私もいつか色々な花を植えて花に囲まれた生活がしたいと望んだものだ。

　金城家の向かいの川越しには戦災を免れた幸地病院の建物やヒンプンガジュマル北側一帯の屋敷は暫定政府が接収して、戦後北部で唯一の総合病院と戦後初の看護学校が開設され、旧幸地病院の周辺には幾棟ものコンセット病棟や学校施設、看護生の寮が建ち並び、戦後の緊急医療施設の中心的役割を果たしていた。

　ある日、母が、許田の親せきを訪ねて帰途バスに乗りおくれまいと道路を横断中、交通事故に遭い、北部病院（私たちは幸地病院と呼んでいた）に搬送されているが、着替えを持って来るようにとの連絡を受けた。母が一大事と知り、肝《チム》ダクダク病院へかけつけた。

　記憶にあるかぎり母が病床についたことはなく、私兄弟にとって母は不死身の保護者と思っていただけに母がはじめて病院へ急患搬送されたと聞き大ショックを受けた。そのときはじめて母も生身の人間であることを悟り、母の容体を気遣い病院へ駆けつけた。

母の診察にあたられた幸地新松先生は私たちの顔をご覧になって「心配はしないでよい。腰や横腹あたりに打撲傷はあるが骨や内臓に障害はなさそうだ。様子を見るために一週間ぐらい入院させる」と告げられ、母も懸念したより元気そうなのでほっとした。

母が旧病院裏のコンセット病棟に入院中、毎日、母の見舞いにかよった。

その間、ある日病院構内にあるフクギの木陰に人だかりができ、何やら物々しい雰囲気であった。そこへ急ぎ足で向かう看護婦に何事かと訊ねると、「これから死体解剖が行われる」との返事。当時エアコンなどなかった時代だったので、暑い日中、屋外の木陰で人体解剖の実習があると聞き、大宜味小でのカエルの解剖を連想した。死んでいる人とはいえ、自分の身が切開されるような不気味さと恐怖感に襲われ、胸がむかつき卒倒しそうになって足早に病院を去った。

当時、病院や医療看護人不足だったため、早急に看護婦の養成が迫られ、名護に看護学校が設置されて、その実習として屋外で人体解剖が行われていたのである。

一方、首都那覇では国際劇場、映画館、市役所の建設、さらに沖縄史上初の大学創設、琉球大学開校（一九五一年）や琉球政府が発足し、建築用材の需要が緊急に増していた。当時は終戦直後の仮住宅建築から一歩前進して恒久的な建物の建築ブームに入り、いわば戦後第二の復興期であった。

そうした中、私たち家族はまだ電灯のない名護城麓の家に住んでいた。麓の家から広い田圃や向かいの丘に照る太陽の動きを眺めて考えた。

この地上には太陽の当たる場所と当たらない場所がある。いまはこの麓の下で太陽は当たらないけれど地球は回り、いつか私たち家族にも太陽は公平に輝く日が来る。陽の当たる場所には花が咲く、陽の当たらない場所でもいつか陽が当たり花が咲く。花の咲くところ、幸せがある。太陽は誰にも公平に輝きすべての生きものの命の源であり心の光である。

陽が傾き山の麓に影を落し名護湾の彼方に沈んで行く夕日を見つめて、人間の運命も同じように時には陽の当たらない暗影の生活であってもいつか陽が頭上に輝き、花が咲き、幸せがやって来ることを信じて、茅葺き家での困窮生活もあまり苦にならなかった。（母は日々の食料に苦労していたのだが――）

私は花の咲く家には幸せが来ると信じ、麓の傾斜を利用して段々畑の花壇を作り、コスモス、百日草、マリーゴールド、きんせんか、金蓮花などを植えて心の慰めにした。

花は食べられないけれど、一種の心の糧である。心の糧なしでは人は人格を築けない。

その間、理子や宮城久彌子と、名護城の「エデンの園」で野イチゴ、クビやフウトウの実、シークヮーサーなど時節の野生果実をさがしてかけ回り、活発な思春期を過ごした。

理子の中学での思い出といえば、確か中三の理科の時間に仲田清栄先生がローソクに火を灯し、その炎の最も高熱の部分はどこか、簡単に観察記を書くよう指示された。生徒はしばらく真険に炎を見つめて一体どの部分が最高温度か？　灯芯の部分か、赤く燃える部分か、あるいは黄色か、青の部分かと皆一生懸命あれこれ憶測ゲームにかかったが、実際に熱量計で各段階を計らないことには証明できない。したがって「火」といえば「赤」という通念で「赤く燃える部分が最高温度」と大多数の生徒は解答した。ところが理子は炎の外郭の部分が最高温度だと解答し仲田先生を感心させたことがあった。

彼女はありきたりの既成観念で物事を判断せず自己の眼でよく観察し、その実体を理論づける科学者の卵であった。

私たちが高校進学の前年、一九五一年に対日講和条約の調印によって沖縄は米国施政権下におかれ、日本本土から分離された。その一方で琉球大学の開校、一九五二年に同条約の発効により琉球列島米国民政府下に琉球政府が発足、首都那覇への転職や求職のため地方からの移転が増えて復興建設ブームがやって来た。そのため私たちが高校へ入学した年、一九五一年は保護者の転職、求職で、多くの名護高生が那覇へ転校していった。そうした社会情勢の中、理子の父君も那覇で建築用材のブロックや瓦工場、旭セメントブロック瓦製作所を開業し、理子も高一、二学期に那覇高へ転校した。当時沖縄は政治、経済、社会的にも変動期にあった。

それ以降、理子との交友は途絶えていたが東京で大学入試に奔走していた際、偶然彼女と再会し、以来交誼は近くなったり遠くなったり変動はありつつも、老齢に入って名護中時代くらしに苦しいながらも花を求めて町や野を駆け回った時代がなつかしく海を越えて友好が続いている。

お母さん化学博士

一九五四年、理子は高校卒業と同時に上京し、一時東京の私立理科大に入学したと聞いたが、私立大では彼女の学究意欲が満たされず、国立大めざして、また一年奮闘し、山形大学理学部化学科に合格、卒業してれっきとした職業女性化学者になるかと思えば、寺田貞一氏と電撃結婚したと聞き私を唖然とさせた。

そしてしばらく風の便りも途絶えていたが、偶然にも兄・修夫婦が住んでいた東京都立川の同団地に理子家族が住んでいることを知り、一九七〇年私が渡米する前に十五年ぶりに彼女と再会した。彼女は結婚後直ちに次々に三人の年子の母となり、そのまま伝統的な妻の座、母親の役割に満足し幸せに暮らしているのかと思えば、風の便りで彼女が博士号を取得したと聞き、またびっくりした。

理子は東京で三人の子育て、大学進学を果たすと、これまでのストレスから解放され、自分の時間が持てるようになると、また若い日の初心が甦り、新居住地の横浜で、近くに東京工業大学付属キャンパスに五十歳をすぎて復学、若い学生たちと席を並べ、研究に競い合いつつ、修士号を取得、教授に才能を認められて博士課程に入ったものの、主婦の役目、日々の家事は欠かせず、時には夜半すぎまで化学実験に携わるきびしい研究が続く中、日曜日、祭日返上、夕食支度など苦労したが、彼女のねばり強さと研究心の旺盛さで十年がかりで「化学博士号」（有機金属化学）を取得した。

私見ではあるが、名護中の第二回学芸会で演劇「キューリー夫人」が上演され、その主人公キューリー夫人の生き方が、若い野望に満ちた理子の理想像として深い感銘を与えたのではなかったかと思う。

母親として養育、教育に二十年の歳月をかけた後、自身の若い夢「化学者」の道を五十代にして大学に復学し、長時間を要する忍耐強い化学実験や論文、研究結果報告発表など様々な学術的難関を克服し、「お母さん化学博士」になり東京工業大学資源化学研究所にとどまり、六十五歳定年すぎまで化学研究に励み、二〇〇四年退職した。

理子は少女の頃から時たま人の意表をつくことをやってのける頭脳と性格の持ち主であった。退職後、また新たに夫君とともに名護で新オリーブ園開拓に挑んでいる。

彼女は人生に絶えずチャレンジ、アドベンチャーを求めるエネルギーに満ちた人である。何事にもチャレンジする心意気に年齢の制限はない。

寺田理子さんは子育て教育後、初志を貫徹したまれに見る母親化学者である。友人として礼賛、敬意を表する。

薪採りは女の仕事

電気や石油、プロパンガスがなかった時代、炊事に必要な燃料として薪採りをしなければならなかった。その薪採りは大抵女性の仕事であった。

昨今、電気、ガス革命により様々な電気製品が開発され、調理の手間や時間が短縮されて、女性の家事労働も軽減されているが、その文明開発以前、女性は働ける年令に達すると家事の一つに週末、祭日、休校の日には山へ薪採りに出かけていた。

特に長い梅雨期に備えて日々の煮炊きに必要な薪を蓄積せねばならず、女性の山仕事は絶えない労働であった。当時大抵の家棟には薪小屋があり、小屋がない家では床下に薪を蓄積していた。働き者の女性の中には一日に二度も名護岳一帯へ四キロの山路を薪採りに往復し、床下いっぱい薪をたくわえるといった勤労ぶりを示す主婦たちがいた。

名護は戦災を免れた家屋が二一六棟あったとのことだが、町の中心部は焦土と化し、住居の再建が必要だった。米軍の資材提供で規格住宅の建設がすすむ中、地元の森林資源を活用した建設も行われ、名護岳一帯のイタジイやウラジロガシの大木は伐採が続いていた。そのため遠方からでも伐採跡が目撃された。

大木の伐採があればその枝葉は廃棄される。薪採りの婦女子は伐採跡に切り落とされた小枝をめざして山登りをする。

木材として倒伐された山には建築資材にならない枝木が散らばっていた。そうした伐採跡の禿山が薪採りの資源になった。切り落とされた枝木を運びやすいように適当な長さに切るのだが、刀を持たず素手の薪拾いはさらに苦労が伴った。慣れたベテランは刀を使って手早く薪束をつくり、頭上に乗せて山を下る。山路は日々の暮らしと人生の重荷を頭上に乗せた女たちの悲しさを物語る。

私も名護城麓に住むようになって友人と一緒に禿山の名護岳へ薪拾いに出かけた。

名護岳はわが家の眼下を流れる幸地川の水源地にあたり、幸地又の谷間を登る坂道は戦時中、名護岳や東江原、山岳を越えて東海岸の久志や辺野古への交通路になっていた。さらに戦後の復興期、建築材木や燃料の薪などの運搬路になり、馬車や人力車輪の往来が激しく、車の轍や人足、さらに豪雨による土砂崩れで、路上に大きな溝ができたり土砂山になったり、でこぼこの険しい山道であった。手ぶらで歩くのでさえ一苦労、おまけにズックや靴など登校以外、普段は裸足であったため石ころだらけの山道でわき見をして転ぶことしばしば。時には石や轍につまずき足爪をはぎとられて痛い目に遭った。それでも坂道を登りつめた頂上、幸地川の上流に五メートルほどの高さの滝があった。

その滝は名護岳やその山並みのせせらぎを集め、長い白布のような清流であったことから、地元の人は「白滝」と呼んでいた。白滝は木材や薪採りで往来するヤマンチューにとって、重労働で疲れた顔や手汗を清めたり、喉の渇きを潤したり、距離的に格好な休憩場所であった。

山路越え　喉の渇きに　滝の音

ある日、友人と名護岳へ薪拾いに行った。まだ中学一年生で遊び盛りの頃である。伐採され横倒しになった枝木にのぼり、ふざけ気分で猿のように枝から枝へとゆすぶりながら渡り歩きつつ、「われは海の子」唱歌を即興替え歌「われは山の子、山並みにそよぐ風の音―」と歌っている途中、突然ギリギリと音をたてて枝が折れて地面にたたき落された。その時点でわれは山の子でないことを強く認識した。尻を強く地面に打ちつけ泣きべそをかくところだったが幸いけがはなかった。

その頃、年少者は木を切る刀は持ち歩かなかったので素手で折れる小枝を一抱えほど拾い集めて帰途についた。途中、例の白滝で荷を下ろし、心地よい滝の調べに耳を傾けつつ、清水を手ですくって渇きをいやし、顔の汗を洗い流す爽快さは薪採りの労働の後でなければ味わえない気分であった。

戦後の再建のための資材捻出で、幸地川の水源地である名護岳一帯のイタジイやウラジロガシ林が乱伐に遭い、一時禿山と化し、豪雨の際、水域に冠水やはんらんが起きたり、干ばつが続けば水量が減って田圃への灌水に影響を及ぼし、水稲に支障が生じたりして、エコシステムの壊滅で、森林保全の重要性を痛感したこともあった。

名護岳は一九八〇年代にしてやっと樹木が再生し、春には萌黄色、夏には濃緑濃紫の照葉樹木が見られるようになったが、樹木の再生に四〇―五〇年の長い年月を要したことを思えば、森林、環境保全がいかに大切であるかと後世に伝える義務がある。

戦時中、名護岳一帯は避難場所として人々の生命を守り、焦土と化した戦後再建の資源、人々の生活に欠かせない水源地であることを顧みて「ふるさとの山」は町の人々の救いの神であり慈しみ深く崇高な存在であると悟る。古里の地は年々、諸々に変貌が続いている。蛙が鳴いていた田圃が宅地に変わり、美しい白浜や曲線の海岸線が埋め立てられて昔親しみなじんだ風景や風物詩が失われつつある中、山だけでも山は山としての形そのままに緑の衣で人々の心を包み、はぐくんでくれることを願う。人は何処にあっても自分が生まれ育った「ふるさと」は心の拠所、何時でも帰れる地を求め、生きる心の支えである。

物言わぬ山は変動する人間社会に不変不動の象徴として心の中に生きている。古里の山は慈悲深く母親のような存在である。

父の教育理念

一九四八年四月、父は六三三制学制改革とともに名護中等学校に転任になった。

六三三制は六・三の九年間を義務教育とし、残り三年間は生徒の自由選択で高校進学ができる。当時、北部には辺土名、北山、名護の三高校があり、名護高校は名護町、羽地、本部、屋部、伊江、伊平屋、伊是名、今帰仁など広域に亘り、従って入学競争が激しかった。六三三制開校当時名護中からの合格者は半数にも及ばず、先生方は地域の校名にかけても合格率を高めようとその対策に苦慮されていた。

一九五〇年、私たちが三年生のときだった。先輩二年続きの高校入試の不作に、名護中の教職員会議で合格率を高める対策が論議され、その対策として進学組としない組を分離して受験重視の指導要綱と教課内容の変更を打ち出し、それを会議で可決した。だが父はそのクラス分離案には反対であった。

父は福沢諭吉の「学問ノススメ」の中の「天は人の上に人を造らず人の下に人を造らずと言えり」の文句をよく口にしていた。父にしてみれば、進学組としない組に分離することは教育の不平等であると考えたのだ。自由平等、自主独立を説いた福沢の思想に傾倒していた父は、それを教育理念のモットーとし、たとえ家庭が貧しく高校進学ができない生徒でも平等に同じ教課を教え、生活指導も同等にすべきだとの理念を持っていた。

中学生の年齢は思春期にあり、人間の成長課程で最も感受性が高く、自分の身近な環境に敏感に対応する心身ともに不安定な時期、自分の将来についても未確定の浮動過渡期である。そうした時期に、私立校ならばともかく、公立校でしかも義務教育期間に「進学組」と「しない組」に分離することは、進学しない組の生徒に心理的に差別感を与え、ひいては成人しても劣等感を抱かせることになるとの意見を出した。

父は義務教育の公立中学校ではみな同等に社会人になるための基礎知識を与えるべく同じ教課指導、つまり「教育の機会均等」を主張したのである。

同等に学ぶ機会を与えることによって、心身共に成長途上にある中学生の潜在能力を引き出し、将来社会人として立派に成長するとの理想をかかげた。だが、父の意見に賛同した教師は若い教員たった一人だけだったという。その教職員会議があった日、帰宅して憤慨していた父の記憶がいまも残る。

終戦六年、六三三制開校三年、いまだに旧態依然とした教育意識が濃厚だったため、父の「機会均等」の理念はあまりに先進的で、同僚に受け入れられなかった。

父が懸念したように、進学組としない組にクラスが編成されると、しない組の生徒たちは休み時間に校庭で一緒に遊ぶことをさけるようになった。心にしこりを植えつけた証拠だったといまにして思う。

ちなみに米国では小学校から高校まで十二年間を社会人としての基礎知識を身につけさせる期間とし、一般的には高校まで義務教育にしている。したがって特殊なエリート高校の入試を除きすべての公立高校は入試なしで進学できる。その代わり、高校での必修や選択課目の学力評価はきびしく、高校の卒業証書を手にすることは社会の登竜門の第一歩のパスポートである。そのため高校卒業式の日は成人式を兼ねた人生の一大イベントである。「プロム」と称して男子はタキシード、女子は華やかな長いパーティー・ドレスを着て、盛大なダンスパーティーや祝宴を催す風習がある。

それに高校卒業年齢十八歳は選挙権が与えられると同時に、国の有事により徴兵制が布かれれば兵役に服さなければならない国家的義務も負わされる。

アメリカの義務教育制度は児童生徒の成長期に「機会均等」の教育理念を徹底し、経済的な格差や差別をできるだけなくしようとの狙いがある。

五十六年前、父が主張した教育の機会均等の理念は米国ではすでに実施されていたのである。

熱血教師・冨名腰義幸先生

六三三制が布かれ、中等学校開校三年目（一九五〇年）、私たち昭和十年生まれが三年生になった。過去二年間、名護中から名護高校への入学率が連続低調であった。高校への合格率によって各中学の学力が評価されるのが一般的通念、多数の学力向上を計るためには少数を軽視するか、あるいは無視せざるを得ない教育の風潮が支配し、父が憤慨したクラス編成（進学組としない組）

が実施されたのである。

父が案じたように「進学する組」と「しない組」とは明らかに差別意識が表面化し、休み時間になっても校庭で一緒に遊ぶことはしなくなった。

一方進学組は入試が近づくと放課後も補習授業があり、ときには日没後まで電灯のない教室に残され、灯油ランプの下で受験準備にかかった。

入試期日が押し詰まったある午後のことである。いつものように補習授業を教室で待機していると、誰かが「今日、先生方は職員会議があるので午後の授業は遅れるかもしれないだってさ！」との触れ込みに、次から次に伝わっていく中にいつのまにか「今日は授業はないだって！」に変わり、その一言を聞きつけた私たちは「待っていた」とばかりに一斉に歓声をあげて茅葺き教室を飛び出した。真面目な勤勉家を除き、皆勉強は嫌いである。

「授業はない」と聞いて教室を飛び出した私たち凡人生徒は職員会議が予期に反して早めに終り、担任の先生が教室にやって来るのではないか、あるいは下校を呼び戻されるのではないかと恐れて、学校の正門や裏門から逃げるように赤土の路を一目散に駆けて家路に向かった。

そして一夜明けて翌日—登校はしたものの朝からなんとなく重苦しい雰囲気が漂い、何か重大なことが起きそうな予感がした。午前中、いつものように正規の授業を終えて、午後の補習授業開始の時間が来た。受験組の生徒たちは昨日無断で逃げるように早退したことに罪悪感を抱き、その件で担任の教師から何らかの処罰がとられることを予期し、ビクビクしていた。

そこへ進学主任の冨名腰先生がバットを片手に現れたのである。校舎二棟の四クラス（およそ百八十人）に向かって、「みな、教室の外へ出て来い！」と先生はどなった。覚悟した生徒たちは恐る恐る教室の外、中庭に出た。

「君たちは昨日、許可なしにどうして早退したのか！　入試が近づいているのに皆補習授業が嫌いなようだなあ。それなら思い知らせてやるぞ！　クラスごとに一列に並べ！」と怒声を浴びせた。皆尻込みしつつ、各クラスごとに一列に整列した。私はD組で、できるだけ後列に並んだ。すると先生はB組（A組は進学しない組）を手はじめに携えて来たバットをふりあげて一人一人のお尻に一撃を加えはじめた。

自分が悪いと心得ていたので、恐怖で心臓がおののいていても、歯をくいしばって順番を待った。先生は男女の区別なく同じ強さでバットを振り続け、しかもバットがピシャンと音をたてるたびに憤怒が増加。先生は自分の行動に酔うかのようにますます興奮された。大勢のクラスメートの前で泣くにも泣けず、一撃をくらって痛いお尻に手を当てつつ、各自教室に駆け込んだ。

先生は「先生方はお前たちを合格させようと一生懸命なのにそれが分からないのか！　馬鹿ども！」と罵声を繰り返しつつ、バットを振り続ける。

罵声とバット撃ちを繰り返している中に先生ご自身も興奮が高まり、涙声に変わった。

先生は高い額に濃い眉毛、眼鼻立ちが端正で、映画俳優の三國連太郎のような風貌であった。それに黒縁の厚い眼鏡の下からポロポロと涙がこぼれ落ちる。

すでに百人以上にバットを振り続け、さすがに腕がお疲れになったのかD組に並ぶ私の番には、幸い、打力が弱まっておられた。それでも生まれてこのかた、他人から暴力を受けた経験がなかったのでかなりショックであった。

その時、校長以下他の先生方は遠方から見ておられたのか知らないが、当時「自由、民主主義」のことばが流行っていたとはいえ、戦前の軍国主義、皇民化教育、「教師には絶対服従」の観念が残存し、新旧教育の混沌期であったため、そうしたスパルタ式体罰もさして問題にはならなかった。

名護高校入学を記念して、母とともに（1951 年）

後年、先生ご自身も「当時のような指導をしようものなら、生徒や父母の総反発に遭い暴力教師と

して裁判沙汰になっていたであろう」と述懐されている。（名護中学校創立四〇周年記念誌より）
当時の教育熱心な先生方のおかげで多くの同期生が名護高入学を果たし、特に冨名腰先生の愛の鞭は生涯忘れられない思い出になった。

父の葛藤

父が名護中の職員会議で「進学組としない組」分離に反対し、全ての生徒に教育の機会均等を主張し拒絶された一件も含め、他にも高校合格率、校名優先組の地域意識の強い教師たちとの教育理念がかみ合わず、父は孤立し、疎外感に陥るようになった。

首里高では学芸会で脚本演出「暢気な父さん」の演劇を通じて師弟間の絆を築き、父親のように慕われ、教員としての生き甲斐を感じていたが、七人の子をかかえ生活に困窮し、食を求めて辺土名高へ転任、そこで学生ストの災難に遭遇。首里と辺土名高校の連鎖的ストで、「煽動家」の濡れ衣を着せられて以降父の教員としてのキャリア昇進の機会は閉ざされた格好になった。

それに母の郷里名護に半永久的に定着する構えになると、父は外来者意識、疎外感がまといつき、名護になじまなかった。それが父の弱点であり失敗の原因でもあった。

名護中で生徒間に「文法タンメェー」と綽名《あだな》され、首里高での「ノンキな父さん」から一足飛びに「タンメェー」（爺々）になった。当時父は五十歳だったが、二十代、三十代の若い教師が多数を占める中、五十歳といえば生徒たちから見れば世代がかけ離れた爺々に見えたのであろう。それに父は首里高教師時代の生き生きとした覇気が消え、頭髪も薄くなっていたため、年齢よりもふけてみえた。路上で生徒と出会い、生徒があいさつしても「やあー」と一言発し、禿げ頭に手をあてて通りすぎるだけで、あまり親近感を示すことなく、いつも上を向いてなにかを考えている様子だった。

父はこれまで転々とした任地で、他の新しい赴任教師たちと新しい経験や活発な意見のやり取りで学校教育に新風を吹き込む教員の転任制が戦後一時停止し、地元出身者のなれ合い体制に何か物足りなさを感じていた。

戦後間もなく教員不足により地元出身者を優先したため、何か特技があれば高校卒でも声がかかり、縁故関係や地元の有力者のコネによる採用で学歴も様々、しかもまだ軍国主義教育意識が残っていた教師間には自由、平等主義の「機会均等」や「社会正義」の理念は「絵に描いた餅」で現実にそぐわない理想にすぎないと受け入れられなかった。

父は教育と政治的なイデオロギーを分離し、教育者は政治から独立中正を維持すべきだとの信念から政治問題には一切関与しなかった。それも学校や地元の人たちから孤立しアウトサイダーになる原因であった。

父は東京で東洋大学国文科を卒業し、戦前瀬底校教頭、戦後大里小学校創立、教頭、首里高及び辺土名高教諭を務めた経歴があったにも拘らず、首里、辺土名両高の学生ストの煽動家の烙印が押されて以降、高校へは戻れず、名護中でも管理職への昇進の機会は全く閉ざされ他の若手教員がどんどん校長、教頭に昇進して行く中、ヒラ教員にとどまった。

父が自分の信念を貫きもっと強力に自分の理念を推し進めるだけの勇気と実行力、他人を説得する気魄を持ち合わせていれば、過去の学生ストの濡れ衣を払拭して前向きに他教師と協調しつつ率先力のある指導者への道は拓けたであろう。だが父は姉一人、ひとり息子に生まれ、家庭で他の兄弟間の摩擦や競争を受けずに育ったせいか、他人の批評や非難を受け容れるだけの度量に欠けていた。それに首里与那原の出身である意識から脱却しきれず、地元に融合し得ない側面があった。

そのフラストレーションやストレスが昇じて年月とともに父はディプレション（うつ状態）に陥り、飲酒にはけ口を求めるようになった。そうした父と母の夫婦関係にもしわ寄せが起きた。暴力はふるわなかったが、小言や口喧嘩が絶えず母いじめをする父に私たち兄弟も父への憎悪が高まり、家族諸共、懊悩の奈落に陥った時期があった。

当時父は誰か自分の悩みを聞いてくれる親友かカウンセラー、心を支えてくれる人が欲しかったにちがいない。近くにそうした親類や友人がなく、全く孤独感にさいなまれていたのだ。

職場で目には見えない厚い壁に直面しそれを打破し得ない焦躁感とフラストレーションで、父の教員としての後半生は自己嫌悪と他人との葛藤の交錯であった。それが自暴自棄となり飲酒に慰めを見出すようになった。

父の飲酒癖は自己慰安と現実逃避であった。父のそうした心の懊悩を理解してあげられなかった母や子供の私たちにも欠陥があったことを年を経て自覚反省する。激しい競争の世界を生き抜くためには周りの者の支えと愛が必要である。人間は独りでは生きて行けない。

父は古典文学が好きであった。特に紫式部の「源氏物語」に心酔し、原作や翻訳、講釈本を買い集めて、比較研究を試みていた。紫式部は世界文学史上、長編で最古最上の傑作を書きあげた最高天才児、世界で最高多作の英国のシェークスピアに四〇〇年も先駆けた女性物語作家だと絶賛し続けていた。

父が酒が入らず正気のときには私をつかまえて「源氏物語」の講釈をしたものだ。

源氏物語の中のヒロインを評して「桐壷」は理想的な女性像、光源氏が最も愛した女性は「藤壷」だとか、「夕顔」はやさしく思いやりのある女性で「若紫」は紫式部の自画像だとか様々な女性評をはじめると、父は一向にやめそうになく、いつも先へ先へとせき立てられていた若い私は「また親父のたわごとがはじまった」とばかりに席をはずしたが、父の源氏物語の講釈に落ち着いて耳を貸さなかったことが父の他界後惜しまれる。あの当時父は誰かに自分の研究に耳を傾けてくれる人が欲しかったのだと反省する。

私も古稀を迎え、あの世が近づくと若し「来世」があり父と再会できるならば、現世の「時間」

を超えてゆっくりと父の「源氏物語」の講話を聞きたいと思う。

人はその人の死後、価値を悟るという。父が口癖のように「天は人の上に人を造らず――」といっていたように父の夢は教育による自由平等、平和な世界を描いていたのだと思う。

人の命はたった一回かぎり、天から授かった一個の生命、その一個の生命の人権を尊重し弱き者不利な者への差別や偏見をなくして平等に平和に生きられることが父の理想郷であった。父は生活苦を感じず一見ノンキに見えたが、本部町瀬底小中学校創立八十周年記念誌（昭和四十八年九月二十二日発行）に「生きることは死よりも強く重い」と戦時中を回顧し、人間の命の尊さを強調している寄稿文を見て、改めて父の人生観を見直した。

父の遺稿は何一つ残っていない現在、三十六年の才月を経てはじめて同記念誌に父が瀬底島の思い出や詩を寄稿していたことを知り感無量である。

敗戦の犠牲か償いか
黒い翼と騒音に
おわれし島　わが孤島
耐え忍ぶ心に映ゆる赤茶けの山
思い出の山はみどりなりしも
異民族支配が身にしみる

だれが反戦平和ねがわざる
だれが復帰ねがわざる

（父・毅作）

一九五二年四月二十八日、サンフランシスコ講和条約のもと沖縄は本土から分離され米国統治が合法化された。それをうけて沖縄教職員が主力となって平和運動や日本復帰運動がさかんになり「沖縄を返せ」を絶叫していたが、父は教育と政治闘争は分離すべきだとの観点から政治活動には参加しなかった。そのため上部からは学生ストの煽動家で危険教師との折紙がつき、同僚からはアメリカ統治を容認する保守派とみなされ、両側から爪はじきにされた。どちらの組か白黒を明確にしなければ排斥にする即成体制に押しつぶされた父は犠牲者か落伍者になった。

父は廃藩置県後の日本化教育を受け、大学時代は思想の自由、デモクラシー旋風、さらに軍国主義による皇民化教育の片棒をかつぎ、敗戦によってアメリカ統治下と、世替り二転三転を経験した結果、教育者は政治活動を離れて独立中正の立場を守るべきだと悟っていたのだ。

沖縄の歴史的背景や同民族、同国語をもつ日本への復帰は当然のこととし、特に古典文学を愛した父は日本語の美しさに心酔していただけに、異民族支配に抵抗を感じていたことを瀬底校記念誌への寄稿文で知った。家族には全く知らされていなかった父の詩は父の隠された心の叫びであったように思う。

父は教育者として未完に終わったが、弱き者、不利な者を擁護しようと社会正義を求め、同情

ジョギングで心身を鍛える父

心が厚く繊細な感情の持ち主だった。それに物欲がなく金銭にこだわらない人で、金銭面では自分の有り金を入要な者には惜しみなく与える寛大さがあり、「ノンキな父さん」を地で行った。

　父は七十歳をこえてジョギングに励み、肉体を鍛えることで過去の様々な心の葛藤、自己嫌悪や飲酒癖を克服し、毎年全国タートルマラソン大会に出場して晩年を元気に生き抜いた。

　一九八二年九月三日、八十二歳で他界した。父は死の当日の朝までいつものようにジョギングに出かけ、帰宅して一休中静かに息をひきとったという。

　その悲報は夫が研修のため、ロードアイランド州ニューポート滞在中、義兄・照屋孝夫から連絡を受け父の多難な一生に涙泣した。後日、父は老齢による認知症や他の長病に悩まされることなく、午睡中に穏やかな直死であったと知り、天恵の最期であったと合掌する。

ヒンプンガジュマル

名護の旧繁華街入口にガジュマルの老樹がある。その老樹は旧名護市役所（現名護博物館）を結ぶ一五〇メートルの地点にあり、山紫水明の幸地川に架かる「あなだばし」のすぐわきにあって樹齢三百五十年、町の盛衰を静かに見守り続けた守護神が宿る樹木、さらに町のシンボルとして人々から愛されている。

一九五六年、沖縄天然文化財に指定され、日本最早開花サクラの森・名護城、名護中央公園、青年の家、名護湾展望台、名護岳登山ルート、名護海岸や北部への主幹道路のロータリーにあって、昔も今もこの老樹の位置だけは変わらず威容を誇っている。

その老樹の陰に「ひんぷん石」と呼ばれる石碑が建っているが、なんの石碑なのか知らないままに離沖して三十三年がすぎた。

二〇〇三年、米国から帰郷した折、改めてこの石碑に興味を抱いた。復帰三十一年、年々急速に変貌を続ける古里に目を見張りつつ、私が住んでいた頃の風物、風景をさがして町を散策すれば、自家用車の普及で駐車場のない旧商店街はほとんどが店の扉を閉ざし、新しいコンクリート建ての住宅がふえ、町の盛衰両面を呈している。浦島太郎の感慨である。それだけにガジュマルの老樹だけは昔と変らず大地にがっしりと根を張り大翼を広げ道行く人に語りかけているかのよう。老樹の陰に足を止めしばし追想にふける。

母の再就職

一九五四年、私が高校を卒業した年のことである。幼少の頃から私は海の彼方に夢を描いていた。母が私を東京の大学に進学させるとはっきり口約したわけではなかったが、私はそうと決め込んでいた。

戦後十年間、米国統治下で国費留学生や商業関係者、政府業務、特殊な旅行者を除き、一般人の本土旅行は軍政府の法令で制限されていた。

一九五二年四月二十八日、サンフランシスコ講和条約が効力を発し、沖縄が本土から分離され琉球列島米国民政府の設立、米国の統治権が合法化され、同年六月十七日、沖縄から本土への旅行手続きその他の規約が発布された。翌五三年一月七日、沖縄と本土間の渡航令（米民政府法令九三号）が出て、個人旅行者へのパスポートが発給されるようになると、これまで籠の中の小鳥であった若者が鳥籠から放たれた小鳥のように、一斉に憧れの本土へ向けて飛び立った。

敗戦後、戦禍から立ちあがるまでに十年間島内に閉ざされていた沖縄は、社会的にも経済的にもある程度ゆとりを回復しつつあった時期に渡航制度がいくらか緩和され、多くの高校卒は本土の大学進学めざして、私費留学生としてパスポートを得た。大学入学が決まれば、生活費として月額三十ドルの送金が許可された。

本土への私費留学が一九五三年からはじまり、多くの名護高先輩や同期生も東京の大学めざして上京した。その中に名護の同期生、新垣誠福、具志堅興善、比嘉絹子、岸本永輝、岸本達夫、湖城英勝、大城堅靖ら（敬称略）が出発した。

私もその時流に乗り遅れまいと気は焦ったが、肝心かなめの学費がない。

母は私の焦躁を察して定職さがしに乗り出した。母はこれまで名護英語学校のパート国語教師（宮城盛吉校長は当時の学生が母国語の日本語教育の欠陥を認識され、英語習得にも母国語の基盤の重要さを強調、その補習講座を設けていた）を務めたり、名護婦人会長になったりで、定収入がなかった。父の教員としての給料だけでは家族の生活費だけでも精いっぱいだった。そこへ私が高校を卒業し、東京の大学進学を志していたので学費の確保が緊急課題になった。

母は定収のある職さがしに奔走し、北部福祉事務所の福祉主事補の職を得た。母の再就職で私の学費のめどがつき、同期生に十ヵ月おくれて上京することになった。

琉球人身分証明書

当時本土渡航に身分証明書（パスポートに代わるもの）、日本政府のビザ（入国査証）、予防接種証明書が必要であった。その手続きに米民政府出入管理部から出国許可が下りるまでに早くて一ヵ月、二ヵ月待ちが普通であった。

終戦前まで沖縄は日本国の一県として日本国民、皇民であったはずだが戦後は「琉球人」と呼ばれ、琉球人身分証明書を持って祖国日本に渡航が許可される。しかもこの身分証明書は日米両国だけに通用するもので、他の外国へ旅行するには日本国発行のパスポートを申請しなければならなかった。奇妙なステイタスであった。世替わりのサンフランシスコ条約のもと、沖縄は廃藩置県前の「琉球人」に逆戻りし、本土渡航にも身分証明書が入要になったのである。そうした歴史に翻弄され、本来ならば「私の祖国はどこか？ 私は何人なのか」とアイデンティティー・クライシスに陥るところだが、そうした矛盾や差別的なステイタスを知らないままに、家族を離れて独り旅に出る人生の第一歩の「パスポート」を手にした時の喜びは感無量のことばに尽きる。

船出

いよいよ出発の日が来た。十二月中旬の薄ら寒い朝だったが、陽が高く昇るにつれて気温上昇、那覇港埠頭のコンクリートの上に照りつける日差しはまぶしく残暑を思わせた。

那覇港は本土行き（神戸経由、東京行き）の学生や見送りの家族や友人たちで大賑わいであった。本土へ向かう若者はほとんどが初めての旅、夢と希望で皆興奮気味。見送り人からもらった餞別品をかかえて、いかにも英雄気取り、残される友人たちは羨望の眼差しを送る。出港二時間前の埠頭は悲喜こもごも、様々な人間模様をくり広げる。

いよいよ乗船開始。まるで外国へ渡航するかのように出入管理官によるパスポート（身分証明書）の検閲、税関の手荷物検査（特にタバコやウイスキー携帯制限）があり、乗客七百人余の出国手続きはきびしく、出港までに二、三時間かかった。その間見送り人は照りつける日射しや潮風にあおられつつ、出港を忍耐強く見守っている。待機中、船のデッキの上の出発人と見送り人との間で色とりどりの別れのテープが交わされる。

全乗客の出国手続きが完了し、全係官の下船を合図に、港湾水先案内のタグボートが客船を埠頭から曳引をはじめると、スピーカーから「蛍の光」や「別れの曲」のメロディが流され、別れの哀惜の情を煽りつつ、船体が徐々に埠頭を離れる。一分一秒でも長く愛する人たちとの絆を握りしめておきたいとばかりに、船と埠頭との間には幾条かのテープによる虹の橋がかけられ、満艦飾に彩られる。去る人と見送る人の様々な想いを秘めたテープは末永い人間の絆であるとともに、最後の別れのあかしともなる。船が岸を離れ、手にしているテープが徐々に引き離されて行く別れの瞬間、掌を滑る感触で哀惜の情が増す。残された初恋の人や家族、友人の姿を眼で追いつつ、テープがポツリと切れて宙に舞い、海中に消えていく。また逢う日を祈りつつ、遠ざかる桟橋をじっと見つめる。

船が港を出て、人々の姿がアリのように小さくなり海面のかげろうの中に消えてしまうと、やっとわれにかえり、生まれてはじめて家族と離れひとりで旅立つ不安感に襲われる。行き先はどういう所か、受験はどうなるかなど予期しない様々な難事が待ち伏せているようで恐怖と不安感に陥った。果たして大学受験に成功し得るか？自分自身の能力にかかっている。大学の難問の扉が開かれるかどうか、その鍵を握る責任の重さ、家族の犠牲を思いこの旅立ちは決して楽しいものではない。

海上から眺める古里の山々、子供の頃に住んだ瀬底島、神秘の島・伊江島タッチュー、そして戦前叔母・良子を白い煙で見送った備瀬岬など、いまは叔母と同じように船上から古里を眺める。子供の頃から南北両端に移り住み、広く、長く思えた沖縄本島も海上から眺めれば、短縮された一つの島となる。

汽船の絶え間ないエンジンの音や波濤の揺れにめまいを感じ、船室に戻れば船底の大広間に大勢の二等船客は雑魚寝をし、決して快適な船旅ではなかった。神戸経由東京晴海桟橋まで六日がかりの長旅だった。それに船のペンキの臭いやエンジンの音で船酔し、食事も喉を通らず重病人のように寝たきりの状態で、まるで地獄の旅に思えた。

憧れの東京

いざ憧れの都東京に着いてみれば「ジングルベル」のメロディが高円寺駅前の商店街にひっきりなしに鳴り響き、サンドウィッチマンの太鼓はやしや店内の原色鮮やかな商品で客引きをねらう。戦後のクリスマスのどんちゃん騒ぎの東京は当時、朝鮮戦争による軍需品の発注を受けて敗戦からの日本経済復興は急速に進み、景気ブームの最高潮にあった。しかし、大学受験を控えた学生は師走の寒風に肩をすくめて予備校通い。人生の決め手となる大学受験はみな必死。その凄まじさにたじろいだ。本土との学力の落差と東京の寒風に身が切られる思いがした。さらに高い学資を仕送りする家族の犠牲を思うと家族の期待に添うべき使命を感じ、その苦悩と焦躁感は筆舌に尽くし難い。その時、私は人生の岐路に立っていた。

私の背後には二歳下の弟・進、守、翠も大学志望で次々に控えており、私が一年遅れれば弟妹の進学に二重三重の負担が重なることになり経済的に許されなかった。

進とは年齢的に近かったこともあり、互いに同等の立場で受験のことや人生観を話し合える仲であった。進は理数科に弱いボンクラの私の苦境を察して国費留学をめざし猛勉強。彼は理数科が苦手な他の兄弟たちに似ず、理数に長じた特異な存在だった。

私は当時兄・修が米軍資金による米留学中であったことと、将来の進路について父母と同じ教職―転々と移転していた教員になることに抵抗感があり、他の職業につきたい願望が強く、米国統治下の時勢の影響をうけて英文学科を志した。入試開始二ヵ月前東京代々木予備校に通い、三校ほど受験し、やっと日本大学に志望通りの科に入学できた。

沖縄人とは?

大学入学式のこと。日大世田谷キャンパスの校庭は濃緑の五葉松や若葉が萌える銀杏並木、八重桜、ツツジ、チューリップの花盛り。東京郊外の静かな美しい環境に大学への希望に胸ふくらませた日であった。

式典が始まると同時に国歌吹奏が流れ出した。「君が代」である。小学三年生のとき十・十大空襲前を最後に実に十年ぶりに聞く国歌である。他の新入生は戦後も引き続き自国の国歌として当たり前に吹奏に合わせて合唱しているのだが「君が代」のメロディが耳に入ったとたん背筋に電撃を受けたようにジーンと悪寒が走った。その悪寒が連鎖するように目頭に涙が溢れ出たのである。ここはやはり祖国日本、沖縄では忘れられた（禁じられた）国歌、私は日本人か？それなのになぜ国歌を聞いて涙が出て来るのか？周りの学生は国歌を歌っても涙を流す者は一人もいないのに、私だけが無性に涙がこみあげ喉がつまって声が出ない。

上京する際渡航手続きで身分証明書に「琉球人」というアイデンティティをもらって外国人扱いを受けているのに日本国歌を聞いてなぜ涙が出るのか？小学校の頃の皇民教育のしこりが脳裏にまだ巣喰い「愛国心」から出た涙なのか？国歌に感涙するとは私は日本人であることの証拠か？自問自答とノスタルジアが交錯した複雑な思いで胸がつまった。

県外、海外へ出た人ならば大抵経験することだが「おくにはどちら？」とか「どこの国から来たのか」とかナショナリティについての質問にあう。

大学時代、学友や旅行中出会った本土の人たちからそうした質問をうけて当惑したことがしばしば。正直に「沖縄からです」と答えると、「沖縄はどこにあるのか、どこの国か？」の質問はまだいいほうで、「沖縄には山中に高砂族という人食い人種がいるそうですね。それ本当ですか」などと台湾と勘違いする人に出会い屈辱と憤りを感じた。

内心煮えたぎる気持を抑えてまだ単純即直な若者であった私は素直に「高砂族とは台湾に住む

原住民のことでしょう。沖縄に人食い人種はいませんよ」と抗議したが、そうした類の質問に出会うたびに本土人の認識不足に腹が立ったり、また自分自身のアイデンティティーに苦悶することがあった。私は日本人であることの確証を模索した。

日本列島から独立して形成された琉球王朝の歴史と文化、その変遷によって沖縄人の意識にも複雑な起伏がある。

戦後二十七年に亘る異民族の統治を経て、一九七二年祖国復帰でまた日本国の一県に戻っても沖縄人の意識には日本人としての確固たるアイデンティティーを感じない心根があり、本土人とは異なる自意識―ウチナーンチュ意識が支配しているように思う。

沖縄人の意識については著名な心理学者、琉球大学の東江平之教授がはじめて、沖縄人の心理を学術的に調査・研究・分析した著書『沖縄人の意識』(一九九一年出版)があるのでここでは私の個人的な経験談にとどめたい。

敗戦十年、一九五一年に沖縄がサンフランシスコ条約で祖国を失って四年目、わが故郷は太平洋上の孤児にされ、祖国大学入学式で「君が代」に感涙、「祖国なき民」の悲哀と孤独感をひしひしと痛感した日であった。

雪

南国に生まれ育った者にとってはじめて雪を見た感動は忘れ難いものである。

日大世田谷キャンパスに通学が決まり、学校に近い杉並区桜上水に下宿していた頃はじめて雪を見た。その下宿先は新宿浄水場へ流れる上水路を前にし、水路沿いには名の通り桜並木があり、郊外の閑静な住宅地にあった。

一九五〇年頃、岡田英次、久我美子共演の映画「また逢う日まで」のロケ地になったという水路に架かる橋の袂にその家はあったが、映画のロマンとは違い、古びた田舎家であった。下高井戸小学校の校庭の一角を占め、なんでもその大家さんは学校敷地買収を頑固に断り、しかも学校、住宅地にしては心外にも裏側に豚舎もあった。(夏の暑い日にはその悪臭がたまらなかった)もともとこのあたりは甲州街道に面した大地主のもので、大家さんはその娘の一人で、敷地の一部を相続したとのことであった。東京のど真ん中に豚舎があるとは全く意外であった。

それでもその二階の四畳半借間から、眼下に流れる上水路と桜並木や映画の主人公たちが別れのことばを交わした橋を眺めてロマンチックな気分に浸ったものだ。

その上水のさらに上流玉川上水で戦後文壇の寵児太宰治が「斜陽」や「人間失格」を発表し、そのニヒリズムが頂天に達したのか投身自殺をしたとの話は聞いていたが—。

弟・進と雪遊びのお正月

チャーリー・チャップリンの似顔づくり

大学卒業前の筆者（1959年）

上京して五年目（一九五九年）のお正月に大雪があった。下宿の二階の小さなベランダにも五十センチほど積雪があり、川岸の桜の枝々も純白な雪綿で覆われ、現世とは思えない神秘の世界に迷い込んだような白銀の雪げしきに魅了されたものだ。

音もなくふわりふわりと舞い降りる雪。地上のすべてが「静粛」を命じられたかのようにシーンと静まりかえる。雪の日のこの静けさは天から神が降下される先触れのような神秘さがある。その神秘的な降雪にまつわり、若かりし日の母と弟・進の思い出を記す。

一九五九年、進も志望通り国費留学生として広島大学化学科に入学、冬休みに東京へやって来た。進の親友・親川政和（日大在学）の下宿が私の下宿先桜上水と同じ京王線の蘆花公園にあり、私の下宿との往復に便利であった。

そんなある日、東京に大吹雪があった。私にとっては二度目の大雪であったが、東京ではじめて雪を見た進は大感激。吹雪が去った翌朝、雪に覆われた地表に反射、眼孔が突きさされるような朝陽にきらめく雪げしきは何度見ても自然の不思議さに感動するものである。ふんわりと地表を覆う雪に朝陽の光が屈折し七色のプリズムがみられ、地表の起伏には深紺紫のかげが躍る。四季明確な変化のある首都ワシントン近郊に三十七年間住み、降雪があるごとに東京での思い出が甦る。半世紀前、雪あがりのお正月、降雪の感動を胸に進の滞在先の親川君の下宿へ出向き、はじめて雪を見た弟と雪合戦や雪だるま作りを楽しんだ日のことを──。

進は当時日本でチャーリー・チャップリンの古いサイレント・ムービー「モダン・タイムズ」

が人気を集めていたので、雪だるまにチャップリンの似顔を作り、その出来ばえに自己満足、日差しに雪が溶けるのを気にしていたが、午後にはひょうきんなチャップリンの顔もくちゃくちゃになり、水の泡と消える。

雪国では降雪のあと、雪の重みで家屋に支障をきたすとして人々は屋根にのぼり雪かきをする。ふんわりと柔らかい純白の雪を屋根からかき落とすとは、折角の自然の美観を損なう気がしてもったいない気がしたが、下宿の大家さんは親川君と進に除雪を頼んだ。少々危ない屋根のぼりだったが雪景色に感動した一方、自然に挑戦する除雪作業になお一層興奮を覚えたようだった。

屋根下から威勢のよい二人の除雪作業を見守りつつ、南国育ちの初雪の感動を押し入れに秘めておきたかった母のエピソードを思い描いた。

「百聞は一見にしかず」という格言がある。「雪」といえば写真や絵で見慣れた冬げしきが目に浮かぶ。雪はこの地上で最も純白清澄な綿のように軟らかい水の変容であることは大抵の人が知っている。だが実際に雪を肌で感じ手に触れたことがない南国育ちには、雪の実態は知るよしもない。母が若い頃、沖縄から上京し昭和女子大の寮に住んでいた頃、はじめて降雪に出会った。年中緑に包まれた南国育ちの母にとって東京の冬枯れの裸木やどす黒い火山灰の土やすすけた家並みをすっぽり覆隠す雪に自然の魔力を感ずるとともに、この白無垢な雪を大事にしまっておきたい衝動にかられ寮の庭から一握り雪をすくって押し入れにしまっておいた。一夜明けて押し入れを調べてみれば、大事にしまったはずの雪がない！　雪は屋内の気温の温かさで水の泡。母は

四十二年ぶりに母校・
昭和女子大卒業式で
挨拶する母（１９６９年）

人見円吉学鑑を囲んで
（和田理事、母、保坂教授）

雪が溶けることを知らない無知無垢であったのだ。

その話は寮中に広がり、同大学創設者の人見円吉先生の耳にも入り、「百聞は一見にしかず」の実例として沖縄から来る学生によく講話されたとのことであった。

私の在京中、昭和女子大在学中の名護出身の玉城悦子（後年、弟・進と結婚）が、「ぜひ輝子の娘を紹介したい」とのことで、人見先生に直接接見の光栄に浴したことがあった。そのとき先生は昔の母の「雪の日」のエピソードを私にも談笑された。気さくで温厚な先生のイメージが深く印象に残っている。

雪降れば面影揺らぐ三途川

ヒンプンガジュマルと母

一九五四年十月、私の大学進学のための学資稼ぎに母は北部福祉事務所に社会福祉主事補として再就職した。その事務所は名護町の玄関、ヒンプンガジュマルの南側の一角（現徳田球一記念公園）、元琉球銀行名護支店跡に創設されたばかりであった。

母は就職まもなく、事務所のすぐ前の老樹ガジュマルの周りに心ない人たちが投げ捨てた紙クズや空瓶、空缶、落葉の散乱が目につき、町の衛生、景観を損なうものとして心を痛めた。

家族は母の再就職とともに名護城麓から東江村落に移転し、母は毎朝出勤一時間前（自宅から徒歩で一〇分の地点）に家を出て名護町のシンボルである天然記念樹ヒンプンガジュマル周辺の清掃を日課にするようになった。当時名護町には市街清掃の財源がなく、ゴミや落葉が散乱してもほとんど放置状態。それを見兼ねた母は景観保全に一役買って出た。大家族の多忙な朝の家事と職場かけ持ちの間をぬって、晴雨に拘らず、毎朝ガジュマル周辺の清掃を欠かさなかった。

母のボランティア清掃は、福祉主事としての定職外に国頭巡回裁判所家事調停委員、名護町婦人会長などを務める一方、たとえ福祉主事の担当地が近隣の瀬喜田や羽地に転任になっても、担当地へ向かう前に早朝五時に清掃を済ませてバスに搭乗する通勤習慣を続けていた。

母のおかげで私は大学を卒業し、那覇の米国民政府に就職、週末に帰省しても私の起床前、朝食を食卓に並べたまま、いつものように母はヒンプンガジュマルの清掃に出かけて台所に母の姿はなかった。当時、母を恨めしくも思ったが、その熱意に頭が下がった。

台風を除き、雨天の日は雨ガッパを着て外箒を片手にいそいそとヒンプンガジュマルへ向かっていた母は、後年、那覇保護観察所名護区保護司、那覇家庭裁判所名護支部民事調停委員などを務め、その経験から前犯者の社会復帰への矯正、教育や民事犠牲者の保護、福祉の必要性を痛感し、北部更正保護婦人会を創立し、会長を兼任、多忙な中でも努めて毎朝清掃をする日課は継続していた。

その間ある町人は母を「アレー、プリムンヤサ」（あれは馬鹿者だ）と嘲笑する野次馬もあったと聞く。

母は台風が過ぎ去ると同時に、強風で打ち落とされた枝や葉で街路が荒れているといっては、まっ先に箒をもってヒンプンへ向かっていた。そうした母の行為はある人にとっては市役所に市街清掃の予算があるにも拘らず、市の仕事をとりあげて余計なことをしているとの非難のまとになったようだ。長年無償で奉仕する人を「プリムン」呼ばわりする心理には物事を率先し人に抜き出た行動ができる人を嫉視してけなす人があったようだ。

そうした中傷や非難を受けても、母の意志は断固として変わらなかった。母は名護のシンボルであるヒンプンガジュマル周辺を毎朝清掃し、町の景観を保全する奉仕作業に生き甲斐を見出し、強い使命感を抱いていたように思う。

若い頃、名護城のノロ職を嫌って離沖し、大学進学（当時専門学校）、結婚、八人の育児、沖縄南北を転々と教員生活を続けている間も、子供の難病や自分の願い事がかなわなかったり、何か難事に遭遇すると、ノロ職を拒絶した呪縛だと迷信にかられることがあった。

母は辺土名高での一件で、行き場を失い、自分の郷里へ帰還せざるを得なかったことは「不幸中の幸い」とばかり故郷のために何か役立つことをしたい願望にせきたてられていた。

前にも書いたように日本の史上初の女性選挙権が与えられると、いち早く町会議員になったり、

ヒンプンガジュマルと三府龍脈碑

他に福祉、更正保護、民事調停委員を務めたり日中ほとんど在宅することなく多忙な日々を送っていたが、それもノロ職拒否への心の償いをしていたのだと思う。

明治生まれの母は古い伝統を破り、表面では解放されたモダンな女性の先駆けとして活躍していたが、心の奥底では罪悪感がまといつき、その狭間で苦悩し続けた一生であった。

母が名護城への償いとして二十余年間もヒンプンガジュマル清掃を続けていたことは、ある町人から見れば変な行動だったかもしれない。だが母は他人がどう思おうと、町をよくし美化しようとの強い愛郷心を持ち続けていた。母が奉仕作業中詠んだ短歌を掲げる。

夕ぐれの名護の街に集い来し
　観光バスに降る銀の雨

がじゅまるの葉ぶり豊けく茂れる陰に
　真夏楽しむ　旅の一群れ

カメラ向け　逞ましき老樹捕えんと
　右左する　瞳忘れじ
（母・輝子作）

母の叙勲

そうした母の二十数年に亘る市の美化作業を認め、一九七九年十一月十五日、市の緑化コンクール表彰式で名護市教育委員長比嘉太英氏から特別表彰された。（当時七十七歳）

「本当に頭が下がる。一口に二十二年間というが、単調な清掃を続けてきた新垣さんの労苦に対して市民を代表して感謝する」（一九七九年十一月二〇日付　琉球新報より）

母は晩年（一九八一年）、長年に亘る社会福祉、那覇家裁調停委員、更正保護、地域ボランティア活動等で幾多の功労賞をうけ、なかでも人生最高の栄誉である天皇の秋の叙勲勲六等宝冠章を受賞し、一九八三年五月二十三日、老衰のため他界した。

母亡き後、古里を訪ね、母がこよなく愛した名護の老樹を眺め、そのかげに風雨炎暑を凌ぐかのように厳粛に佇む石碑「三府龍脉碑」とは一体何の碑なのか、はじめて興味をおぼえた。

三府龍脉碑と蔡温

名護の老樹ガジュマルの下に「ヒンプンシー」（名護人は「ピンプンシー」と発音）と呼ばれる石碑「三府龍脉碑」の由来について知る人は少ない。町の人でさえ、ただ「ピンプンガジュマル」と呼び、町のシンボルとして親しまれているが、その樹陰の石碑の由来や意義を知らない人が多い。私もその例にもれず中学・高校時代を名護で過ごしたが、その石碑について全く関心をもたず外国へ出て老齢を迎えた。

一九五四年来、母がそのガジュマル周辺のボランティア清掃をはじめても、その樹陰に黙々居坐る黒大理石の碑は一体何の碑なのか母の生存中訊きそびれた。整然とぎっしり刻銘された漢字の碑銘を一瞥するだけでも、漢学のない私は怖気がして足早に素通りしたものだ。

母が二十五年間、雨天の日には雨ガッパを着て外箒を携えてヒンプンガジュマル清掃に出かけていたその熱意に内心感心しつつも、その石碑との関連について問うほどの興味をもたなかった。母が名護城のノロ家の娘であることから、名護城の森とヒンプンガジュマルの位置が幸地川沿いに直線上にあることで名護城神殿と何か関わりがあるものとばかり思っていた。

母が老衰し他界する三年前、母は何を思ったのか自分の原稿「名護城の由来」とともに、一九六二年名護町発刊『三府龍脉碑の復元を記念して』小誌が米国に住む私のもとへ送られて来た。だが当時名護の歴史についてあまり関心がなくそのまま引き出しにしまっておいた。それが母からの最後の便りとなる。

父母、さらに弟二人の相次ぐ死後、二〇〇三年兄の病気見舞いに帰郷した際、名護の旧市街地を昔の町の面影を求めてぶらぶら散策し、ふと、あなだ橋わきのロータリーにあるピンプンガジュマルに行きついた。老樹の陰には往時のままに石碑が建っている。母亡き後はじめてその石碑に興味を覚えたのが正直な話である。

交通機関が発達せず山間に閉ざされていた北部「やんばる」(山原)、「やんばらー」(山原人)と呼ばれ中南部の人から軽視された時代があった。山林に囲まれた「やんばる」は豊かな自然を意味し、美しい詩的な響きのする名称に思えるのだが、「やんばらー」といえば、未開人的な臭いがしてあまり好まれない総称である。山岳や海岸の絶壁でアクセス困難な僻地は王府首里や商府那覇から遠隔にあり、文化的、経済的交流が少なかったために疎外、蔑視されたものと思われる。

その「やんばる」の玄関、中心地でもあった名護に首里王府を移して地域開発を達成しようと企てた幾人かの勇士があったという。

天孫以来(紀元前三百年頃)王府発祥の地首里は一四二九年尚巴志が三山統一を果たして以降も王府としてきた長い由緒ある地から名護やんばるに遷都構想とは奇想天外の夢物語であり、一大革命的発想であった。

北部人にとって政治・経済・文化・宗教の中心地であった首里や那覇への参詣往復に名護七曲

り、恩納岳、山田の峠など険しい坂道を徒歩で登り下りする労足に日時を要する不便な旅であった。北部国頭は山原船やサバニ舟による海路をとるにしても本部半島の荒波の中を迂回せねばならず、ときには台風や強風に見舞われて海上遭難事故が絶えなかったという。

そうした交通事情や地理的経済的な悪条件に歴代苦しみ続けた山原人は危険な本部半島航路をさけるべく短距離ルートを考え出したのである。それは羽地内海古我知から比較的なだらかな原野を切り拓き屋部港へ通ずる運河開通の構想であった。

当時蔡温は北部一帯を隈なく検閲し、集落の地割制や植樹奨励、伐採制限による林政改革をなし、羽地大川の改修工事にも直接関与して北部の地形に深く通じ、しかも中国の世界最古最長の大運河の歴史や中国内陸の河川による運輸の利便性について周知していたと思われ、地元の請願であった羽地内海と屋部港間の水路貫通の可能性について胸中賛成であったようだが、貫通工事に伴う無給労役や人命の危険、生活の犠牲を考慮して拒絶したとの説もあったようだ。

蔡温はさらに王府遷都構想についても、名護は深海の良港を前にし、平坦で豊穣な平原、名護岳に連なる豊かな森林に恵まれ、自然資源の好条件が整っていることに加え、運河開通による地域の経済的利点があることを評価し、心中やんばるの未来像に共感だったという。だが天孫以来の首里には王族、士族が定住し、薩摩藩の監視下で中国との交易、外交によっていくらか栄華にひたっていたため、王府内閣で猛烈な反対に遭い、宰相の立場から自身の本意を翻して首里からの遷都は神世からのみ霊に反するものとし、首里の長い伝統的正統性を宣言し、名護の遷都構想を鎮圧する声明文を刻銘した「三府龍脈碑」を一七五〇年、現在のガジュマル近くに建立したとのことである。

名護人が通称「ピンプンシー」と呼んでいるのはその石碑が平たく、ついたてに似ていたことから愛称がつき、「三府」とは国頭、中頭、島尻の三郡を指し、「龍脈」は中国の象徴「龍」に因んで龍の体は頭から足先まで一体であることを強調し、運河貫通によって本部半島を切断すれば龍の体を切るようなものである。三府が連結一体であってこそ王府は成立すると断言し、蔡温は首里王府の正統性を宣言、名護人に警告を与える声明文を漢文で刻銘したのがいわゆる「三府龍脈碑」とのことである。

蔡温が琉球を中国の龍になぞらえて三府一体論を説いたり、また龍は縁起のよいシンボルとして首里城屋上棟や門柱、石彫、その他王府が好んで用いたロゴでもあった。

蔡温が名護にわざわざ「三府龍脈碑」を建てて首里王府の正統性を宣言しなければならなかったもう一つの理由はこの小さな王国で前代未聞の運河開通構想をもった名護人が実在していたことである。

碑文は運河構想が単なる巷説ではなかったことを実証するもので、改めてピンプンシーの歴史的な意義に驚嘆した。

しかもこの運河構想を拒絶した蔡温の宣言碑建立は、世界最大のスエズ運河（一八五八年―一八六九年）やパナマ運河（一八八〇―一九〇四年）竣工に百有年も先駆けていたことを思えば名護先人の発想力と豪快さに驚異驚嘆する。

原碑は第二次世界大戦で損壊され、現在ガジュマルの樹陰にある石碑の銘文は著名な沖縄歴史家・東恩納寛惇氏から拓本を拝借し刻銘、一九六二年に復元建立されたものである。

その碑文は蔡温の漢学に造詣深い名文だといわれているが、正直に申して私は英語は読めても漢文が読めない。母から送られてきた「三府龍脉碑の復元を記念して」小誌を幾度も読み返してやっとその碑の歴史的意義を知った次第である。漢学者や有識者でないかぎり一般市民や観光客には碑文の意味が理解しにくいのではないでしょうか？

世界経済のグローバリゼーションや国際交流、観光客の往来がさかんになりつつある現今、名護の史跡として「三府龍脉碑」の歴史的背景と趣旨、特に片田舎だった名護で、スエズ運河開通よりも一世紀も先駆けて、大規模な水路貫通構想があったことを認識してもらう意味で、誰にでもわかりやすい日英両語の解説板が石碑近くに設置されることを切望する。

母が二十五年間、ピンプンガジュマル清掃を続けたその情熱と使命感。名護の歴史にかくされた先人たちの遷都や運河開通構想を称賛するとともに、名護市の栄華の夢を抱いていたのではなかったかと、母の二十五回忌にしてやっと悟る。

箒持つ母の心に　いにしえの
やからの魂　樹陰に燃えり

名護海岸埋め立ての発端

「必要は発明の母なり」の諺がある。

一七五〇年、尚敬王の宰相・蔡温が名護に「三府龍脉碑」を建立し、羽地古我知—屋部宇茂佐間の水路貫通計画と名護への遷都構想を弾圧して以来、二百年後に名護湾に新たに壮大な土地造成がなされた。

一九七二年五月十五日、祖国復帰が実現し一九七五年世界海洋博覧会開催を機に沖縄はあらゆる面で急速に発展した。名護湾の七曲りや名護町白浜一帯に大規模な埋め立て工事がなされ、往時の町の姿も大変貌を遂げた。

さざ波が寄せてはかえす白浜が消え、町の景勝地ポーイシ（大石）一帯が宅地に変わり世富慶、数久田、許田の集落の美しいカーブの海岸線も埋め立てによって直線道路が走り、道程が短縮されてずいぶん便利になったものだ。

往時の名護七曲りの一つ、世富慶と東江間に嵩石という険しい岩山がある。戦後間もなくその嵩石を迂回し東江集落に入る手前に我那覇製材所が建った。戦争で焼き払われた住居の建築がさかんな時代、名護岳や近隣の山林を伐採し搬入された木材を建築用の柱や板に製材する工場であった。その工場では早朝から夕刻にかけて木材を切断する唸りの音が嵩石をバックに東江集落に反響し騒音が絶えなかった。

当時は復興ブームの音として村が活気に満ち、むしろベートーベンの交響曲「運命」を聞く思いで誰も苦情をいう者はなかった。むしろ音がしない日は、切る木材がなくなったのか、切断機が故障したのではないかと他人事ながら気にしたものだ。

その製材所は急峻の岩山のすぐ麓と、名護―那覇一号線（現・国道五八号）を隔てた海岸べりにまたがっていた。ところが豪雨や台風襲来があるごとに、山崩れ、土砂崩れが相次ぎ、工場敷地になだれ込んだ。そこで工場主の我那覇隆光さんは一号線を隔てた海岸へ、山崩れで発生した大石や土砂を運び入れたのである。自然と人間の闘争が始まった。

幾年かその作業を繰り返し、海岸の岩礁や砂浜を埋め立てているうちに、狭かった工場敷地が徐々に海面に広がって面積も千坪に上り、みるみるうちにあたりの土地造成は本格化した。

我那覇さんの工事に端を発し、自然の災害を福に転じて東江のアダン林や砂浜が埋め立てられ、さらに名護町全海岸の埋め立て拡張工事に発展した。当時、海岸や海面の領有権が法的に明確でなかったため、山を動かし海をも埋める実力のある者が勝ちであったようだ。

我那覇さんが東江南端の海岸埋め立てを始めた頃、私たち家族は名護城麓から東江集落内に引っ越していたので、彼の敷地があれよあれよと海岸から海面へ拡張していく様相を見守るばかりだった。

村の動きや土地の事象に敏感な母は「我那覇さんは知恵と実行力がある」と羨望的なコメントをしていたのを憶えている。

当時誰も海面を埋めて土地造成をするなど思いもよらなかった。土地が欲しいと思っても売る人も貸す人もなかった時勢下、自力で土地を造成する以外になかったのである。当時水面領有権について明確な規定がなく曖昧な時代だったため、海面を埋め立てる実力のある者が造成土地所有権を得ることができたという。

二百年前、首里王府遷都や運河開通構想を打ち出した豪快な名護人魂が二十世紀にして運河の代わりに大規模な海面埋め立て土地造成を果たし、名護浦も大変貌を遂げたことに何か歴史的な因果関係を感じ、感無量である。

私は必ずしも土地造成の礼賛者ではない。往時、名護の海岸沿いにはアダンやモクマオウの林、白い清楚なハマユウの花、ピンクのハマヒルガオ、ヤッカやサボテンなど、浜辺の風物詩がみられ、磯辺にひねもす奏でる漣《さざなみ》の快い調べが聞かれた。

名護七曲りの右に左に迂曲した曲線道路も現在は復帰後の海岸埋め立てで直線道路に変わり便利になった反面、その自然の曲線美が消えてしまい、何か物足りなさを感ずる。

海岸埋め立て道路、国道五八号線の開通前、戦後の一号線沿いの七曲りの丘陵には段々畑があり、その畦道や叢に純白の山ユリや真紅のグラジオラスが咲き乱れ、自然の花園があった。那覇の行き帰りにバスの車窓から緑の中に美しく映えた紅白のコントラストの景観に見とれつつ旅を楽しんだものだ。

昔、親しみなじんだ古里の面影が帰郷するたびに失われて行くのを見るにつけ自身の生まれた故郷でありながら、もうその地に属さない異人の類にされて行くようで一沫の寂しさを禁じ得ない。懐古趣味の古人の里帰りのようである。

学びの都

往時の名護では蔡温の話が出れば必ず引き合いに出されるのが程順則であったという。彼は一七二六—一七三四年の六年間、名護間切総地頭の任につき村人によく尽し学を勧めた名護聖人として深く敬愛されてきた。

一七五〇年、蔡温が名護に「三府龍脉碑」を建立した当時、程順則はすでに故人であったが、遷都や運河開通論が蔡温に鎮圧されてますます程順則の治世をなつかしんだとのことである。

程順則（一六六三―一七三四）は蔡温（一六八二―一七六一）と同じく中国系で那覇久米村出身の十九歳年長、若くして中国に留学、漢文、漢詩、琉歌や気象学に秀れた温厚な学者肌の外交官だったという。尚敬王の遺唐使として中国を往復し、中国から持ち帰った自費印刷本「六諭衍義《りくゆえんぎ》」の儒教教訓を広めた名護聖人として全国に知られるようになった。

その「六諭衍義」は当時琉球を支配していた薩摩藩主が一七一九年、徳川八代将軍吉宗に献立したところ、当時印刷熱にかかっていた吉宗は早速、室鳩巣に和訳させて「官刻六諭衍義大意」を刊行し修身本として全国に広め、明治時代まで重宝がられたとのことである。

この教訓書は日本の皇民化国粋主義勃興、さらに敗戦後の悪い意味の自由主義の波に乗って道徳倫理観の退廃、他人に対する思いやり精神の欠如、自己中心的な物の見方考え方や行動が目立つ世相の中で、近年名護市教育指導員・安田和男氏がわかりやすい解訳本「六諭のこころ」を出版し、中学教科書の副読本として普及しているようだ。きびしい修身教育が足りない新世代に「親の教えに従い、孝を尽し、目上の人を敬う心」を培う手本にし、徳行高い名護親方の教えを家庭や地域社会に広め、さらに国際社会にも「和」が広がることを祈る。

一九六六年、名護町が地域の歴史や文化を再評価し、程順則の流れを後世に啓蒙啓発する趣旨で旧名護町役所（現名護博物館）前に程順則銅像を建立、およそ一五〇メートル離れた蔡温の「三府龍脉碑」のあるヒンプンガジュマルと向かい合っている。

古人の遷都や運河開通の夢は実現しなかったが、名護は広大な海岸埋め立てによる土地造成、一九七五年世界海洋博開催を機に沿岸埋め立てによる道路の整備、二〇〇〇年、風光明美な部瀬名の万国津梁館でのG8サミット開催が成功し、地政学的に有利な条件を揃えた沖縄はアジアのゲートウェイの国際的な交流の拠点となり、未来への発展の可能性は大きく広がる。

名護は程順則の流れを汲み、外交や学術面での人材育成を促進し、種々の国際会議や研究開発の招致に努め、平和を築く拠点になることを祈ってやまない。

目下設立準備中の恩納村の沖縄科学技術大学院大学開学が実現すれば、名桜大学との連携研究活動を促進する機会が期待される。

やんばるは緑の山岳を背に紺碧の海原を前にし、美しい環境の中で国際的な交流や知識の宝庫を築きあげる和やかな学びの都へ発展することを祈念しつつ、私の沖縄の旅の最終地名護にて別れを惜しむ。

あけみおの　山懐に抱かれて
名護の浦曲よ　永遠《とわ》に平和あれ

名護城の桜花見

あとがき

本書を構案する以前、母に捧げる沖縄訪問画集でもと考えていました。折々帰沖し思い出のアルバムを綴って望郷の慰めにしていました。そうしている中に絵画に趣味を見出し沖縄の風景などを描くようになり、画集収録を思い立ち出版を計画していました。ところがその風景の裏には六十三年前忘れ去ることのできない過酷な戦争と戦後のきびしい窮乏生活が次々に映像のように甦ってきました。

戦後六十三年、沖縄の地上戦体験者も黄昏期に入り記憶が薄らぎつつある中、表面的な絵画の収録よりも過去の無惨な戦争体験記を戦争を知らない新世代に語り継ぐことが平和維持へより意義があるように思われ、本書の執筆を思い立った次第です。

永年心の奥深く閉ざしていた重い扉をいったん開けば次々に連鎖反応を起して往時の詳細が眼前に甦って来ました。その心象は絵画では到底描写できないことに気づき、文章によるコミュニケーションの必要を感じ、それが本書の形になったわけでございます。

執筆にあたり、地名、人名、年譜などの資料収集に照屋孝夫・廸子夫婦、宮里晴起・住子夫婦、稲嶺文正・翠夫婦、元琉大副学長宮城清宏・恵美子ご夫妻、県立公文書館専門員仲本和彦さん、名護中友人寺田理子さんのご協力、ご支援を頂き、誠にありがとうございました。

特に琉球大学名誉教授東江平之先生には様々な重責でご多忙中にも拘らず拙稿のご高覧、訂正、助言を頂き誠に光栄に存じます。

東江先生は兄・修の三中、名護高、米留学時代からの親友であられることに甘んじて貴重なお時間をさいて頂き、適切な謝辞が見つかりません。

ここで私が先生のご経歴、教育界のご功績にふれますことは甚だ僭越だとは存じますが、先生は戦後米軍資金による米留学生として米国の名門大学エール大学院で当時比較的新しい分野の心理学を専攻され一九五九年同大学でも数少ない修士号を取得、さらに一九六一年に短期間で博士号を受けられた優秀な心理学者であられます。帰沖後琉大心理学科の充実に努められ、沖縄ではじめて県民の意識調査を学術的に分析、収録した「沖縄人の意識」（一九九一年出版）など、多くの学術論文、文献などを発表され、米国でも名の知られた優れた学者であられます。

定年退職後もひき続きご賢兄様の康治先生（元琉大学長）と共にわが町名護に名桜大

学創設に尽力され、ご賢兄様に継いでご兄弟揃って歴代学長を務められました。そうした名誉あるお方に私の幼稚な草稿を見て頂き、有意義なご所見、助言、訂正すべき点などを詳細に指摘して頂きこの上もない光栄に存じます。

先生は著名人として色々な分野でご活躍なさっているだけでなく、おごらず身近な周りの人々への親切な配慮を忘れない人間的情愛、徳行の高い人格者であられることを知りました。

ここに個人的な苦境を公にすることは心痛くはばかれますが、実は兄が二〇〇一年頃から闘病生活に入り、その間先生は友人としてあらゆる手を尽くされ気魄を盛りあげようと努力なさっておられます。

兄は若い頃から厭世的な思想を持ち、自分の魂を救う道を模索、いろいろな宗教論をかじっていたようですが、まさか自分の意志の及ばない領域に陥るとは夢にも想像していなかったでしょう。人間は自分の意識が明確で健康なうちは自分の意志で己れの問題を解決し得ると信じがちです。

兄の容体をみていると、人の命には自分の意志ではどうすることもできない天命があるように思います。人生七十路を超えると予期しない境遇に直面することを想定してそれなりの準備の必要さを痛感するこの頃です。

現代の医学の進歩で人間の体も脳の機能が微弱あるいは停止しても他の機能は活かせる時代にあり、人間の「生と死」の境界も不明確になっています。

力なき兄の手握りて命の絆
たぐりよせたし　空蝉悲し

東江先生はそうした兄の容体を絶えず気遣われ定期的に病院訪問、介護や治療の選択、助言など、肉親のように献身なされていることに感謝のことばが見つかりません。先生の舎兄に対する変わらぬ友情と思いやり、律儀の厚さにただ頭が下がる気持ちでいっぱいです。昨今まれにみる美しい友愛に妹として深く感謝申しあげます。

最後に身近の夫ローレンスはハワイ生まれの県系二世で自分のルーツ沖縄歴史に多大な関心をよせ、世界の中の沖縄や米国戦史に関してインターネットや文献から私が知りたい情報、資料収集、原稿コピーその他日常諸般に理解と協力を得たことはひとえに彼の深い愛の賜物だとひそかに感謝しています。

本書は母の二十五回忌と私の古稀を記念して昨秋出版を予定し帰沖しましたが、留守をあずかる夫が急病になり、急きょ帰米、三十七年間住みなれた首都ワシントン郊外のバージニアから夫の故郷ハワイへ移転するための煩雑な自宅の売買、引っ越しに多忙を極め、出版計画は一時中断しました。
　昨年暮れ、ハワイへ転居、新年を迎えて心機一新、今春改めて原稿推敲、加筆、さし絵を追加して出版の運びになりました。

著者

二〇〇八年三月

参考文献

『名護女の記』（新垣輝子）
『わたしの戦争体験』（宮里住子）
『12 歳の恐怖』（浦　廸子）
『創立百周年記念誌』（本部町立瀬底小学校）
『創立 40 周年記念誌』（名護町立中学校）
『5000 年の追憶』（名護市）
『三府龍脉碑の復元を記念して』（名護町）
『東江誌』（名護町東江区）
『大正時代の沖縄』（Ｒ．ゴールドシュミット、琉球新報社）
『沖縄の文化財』（沖縄県教育委員会）
『カラー沖縄の歴史』（月刊沖縄社）
『熱き心』（大城堅靖）
『日本歴史故事物語』（和歌森太郎・高橋磌一監修、河出文庫）
『日米安保条約』（多田実解説）
Ienaga,Saburo.　The Pacific War 1931-1945
Christian, Herbert Merillant. Guadalcanal Remembered
Bradley, James.　Flags of Our Fathers
Seeger, Elizabeth　The Pageant of Chinese History
Smithsonian Magazine　April 1977

著者略歴

ふなこし　宮子（ふなこし・みやこ＝旧姓 新垣）

1935 年　沖縄県に生まれる
1954 年　名護高校卒業
1959 年　日本大学卒業
1959—70 年　琉球列島米国民政府勤務
翻訳、編集に携わる
1970 年　渡米、結婚、主婦、絵画作家
1970—2007 年　首都ワシントン近郊に住み、
2007 年末　ハワイへ転居、現在に至る。

ふるさと沖縄の旅
戦中戦後の暮らしと学校回想記

2008 年 6 月 12 日　初版発行

著　者　ふなこし宮子
発行者　宮城　正勝
発行所　（有）ボーダーインク
〒902-0076　沖縄県那覇市与儀 226-3
tel 098-835-2777　fax098-835-2840
http://www.borderink.com
e-mail　wander@borderink.com
印　刷　（有）でいご印刷

ISBN978-4-89982-139-7　C0095　定価 2520 円（税込）